Secretos y misterios
del mundo

Otros títulos en español de Hay House

El Asombroso Poder de las Emociones, Esther y Jerry Hicks
Aventuras de una Psíquica, Sylvia Browne
Cambie sus Pensamientos y Cambie su Vida, Wayne W. Dyer, Ph.D.
Conexiones Espirituales, Sylvia Browne (2009)
Conversaciones con el Otro Lado, Sylvia Browne
Curándote con los Ángeles: Cartas Oráculas, Doreen Virtue
La Desaparición del Universo, Gary R. Renard (2009)
Dios, La Creación, e Instrumentos para la Vida, Sylvia Browne
La Edad de los Milagros, Marianne Williamson
El Fascinante Poder de la Intención Deliberada, Esther y Jerry Hicks
Feng Shui para Occidente, Terah Kathryn Collins
Gratitud, Louise L. Hay
Guía Diaria de Sus Ángeles, Doreen Virtue
Inspiración, Wayne W. Dyer, Ph.D.
La Ley de Atracción, Esther y Jerry Hicks
Lecciones de Vida por Sylvia Browne, Sylvia Browne
El Libro de los Ángeles de Sylvia Browne
Meditaciones para Sanar Tu Vida, Louise L. Hay
Un Mensaje de García, Charles Patrick Garcia
En Mis Propias Palabras, Su Santidad el Dalai Lama
¡El Mundo Te Está Esperando!, Louise L. Hay
La Naturaleza del Bien y del Mal, Sylvia Browne
Los Niños Índigo, Lee Carroll y Jan Tober
La Oración y las Cinco Etapas de Curación, Ron Roth, Ph.D.,
y Peter Occhiogrosso
Pedid que ya se os ha Dado, Esther y Jerry Hicks
Pensamientos del Corazón, Louise L. Hay
La Perfección del Alma, Sylvia Browne
Los Placeres Secretos de la Menopausia, Christiane Northrup, M.D.
El Poder Contra la Fuerza, David R. Hawkins, M.D., Ph.D.
El Poder Está Dentro de Ti, Louise L. Hay
El Poder de la Intención, Wayne W. Dyer, Ph.D.
Respuestas, Louise L. Hay
Sana Tu Cuerpo, Louise L. Hay

Secretos y *misterios* del mundo

Sylvia Browne

HAY HOUSE, INC.

Carlsbad, California • New York City
London • Sydney • Johannesburg
Vancouver • Hong Kong • New Delhi

Derechos reservados de autor © 2005 por Sylvia Browne

Publicado y distribuido en los Estados Unidos por: Hay House, Inc., P.O. Box 5100, Carlsbad, CA 92018-5100 • *Teléfono:* (760) 431-7695 ó (800) 654-5126 • *Fax:* (760) 431-6948 ó (800) 650-5115 • www.hayhouse.com®

Supervisión de la editorial: Jill Kramer • *Diseño:* Amy Rose Grigoriou
Ilustraciones del interior: Kirk Simonds
Traducción al español: Adriana Miniño: **adriana@mincor.net**

Título del original en inglés: Secrets & Mysteries of the World

Sylvia desea agradecer a todos los colaboradores que concedieron permiso para reproducir sus fotografías en este libro: Un agradecimiento especial a los amigos de Sylvia, Nick y Khrys Nocerino por permitir que se tomaran fotografías de ShaNaRa. Las investigaciones de Nick Nocerino en el campo de las calaveras de cristal no tiene precedentes. Gracias también a Kirby Seid. *Fotografías de las Calaveras de Cristal:* © Sylvia Browne Corp. / *Mapa de Piri Reis:* © David Hatcher Childress, Adventures Unlimited Press: **www.wexclub.com** / *Fotografías de OVNIS y círculos de cosechas:* © Colin Andrews: **www. CropCircleInfo.com** / *Fotografía del Sudario de Turín:* © Barrie Schwartz: **www.shroud. com** / *Fotografías de Stonehenge y la isla de Pascua:* © Eric G. Marason / *Fotografías de las líneas de Nazca:* © **www.anthroarcheart.org**

ISBN: 978-1-4019-1201-7

Impresión #1: noviembre 2008

Impreso en Estados Unidos de América

Dedicado a Dal Brown por su ayuda y su apoyo

Contenido

Introducción

En este libro, usted leerá acerca de algunos de los secretos y misterios que han intrigado por completo a la humanidad, en algunos casos, durante siglos. Naturalmente, siempre me he sentido fascinada por lo inexplicable, no creo que haya necesidad de que explique en detalle cada faceta que he pasado durante años, investigando y estudiando los fenómenos que usted está a punto de leer en estas páginas. Para aquellos que no lo saben, tienen mi palabra de que como psíquica espiritual y estudiante de teología, ha sido mi pasión, constante y permanente, el interés por los secretos y antiguos mitos del mundo, así como la vida después de la muerte.

Puede ser que usted no esté de acuerdo con mis argumentos o con mis investigaciones, y eso está bien..., sólo siga conmigo y observe si en la mayoría de los casos la época, el lugar, las implicaciones históricas o la lógica pura corroboran la verdad de lo que digo. Mis habilidades psíquicas también aquí entran en juego fuertemente para aumentar las extensas investigaciones que he realizado, pero como siempre digo: "Quédense con lo que deseen y desechen el resto."

He visitado personalmente la mayoría de los lugares en donde se originan los misterios de este libro. He recorrido los senderos, me he usado yo primero como un barómetro psíquico, y luego he regresado para ver si puedo comprobar lo que he recibido telepáticamente a través de investigaciones, estadísticas, testigos presenciales y, algunas veces, el puro sentido común. Muchas veces, como verán, acudí incrédula a investigar un misterio para luego quedar pasmada ante las pruebas; otras veces, algo que yo consideraba casi "un hecho" resultó estar *demasiado* cubierto de mitos; era demasiado improbable, o no había suficientes evidencias, y estaba demasiado desilusionada para otorgarle el sello de mi aprobación.

La razón para escribir este libro fue motivada en gran parte por Reid Tracy, presidente de Hay House (casa editorial de esta obra). Un día, almorzábamos mientras yo lo agraciaba con historias sobre Egipto y otros lugares que he visitado. Finalmente, me miró y me preguntó: "¿Por qué no escribes sobre todos esos lugares en donde has estado y las conclusiones a las cuales has llegado?"

Lo pensé durante un tiempo mientras me preguntaba si habría otros libros que yo hubiera leído relacionados con los lugares y las cosas que yo había visto. Tenemos el libro de Erich Von Daniken titulado *Chariots of the Gods: Unsolved Mysteries of the Past*, pero solo trata sobre los OVNIS; y además, su libro fue tan controversial cuando fue publicado que muchos científicos salieron en bandada de sus armazones para desacreditarlo. Luego, me di cuenta que todos los libros de "investigación" que había leído (y han sido muchos) tenían una cosa en común: eran sus detractores. Es decir, yo no escribiría este libro si estos misterios hubieran sido explicados por completo, esto precisamente es lo que los convierte en misterios. Por supuesto que sé que hay escépticos y científicos que dirán que este libro es pura fantasía absurda, pero usted descubrirá, mientras lee los siguientes capítulos, lo fascinantes que han sido algunos de los giros inesperados descubiertos...

Tengo que detenerme por un instante y decirles ahora que a pesar de que jamás había escrito un libro como éste, deseo que por favor, no piensen que me he vuelto loca. No puedo probar algunas de las cosas que voy a decirles, sin embargo, si profundizan en algunas de las historias, verán que muchos arqueólogos, historiadores y antropólogos famosos han respaldado mis percepciones psíquicas. Personas tales como el afamado paleoantropólogo y conservacionista, el doctor Richard Leakey; el Secretario general del Concejo Supremo de Antigüedades en Egipto, el doctor Zahi Hawass, y otros que citaré (que tienden a confiar en mí), no son dados a la fantasía.

Ahora bien, esta obra no pretende ser un tratado científico. En su lugar, la he escrito con el lector común en mente, el cual puede saber muy poco o nada sobre los misterios aquí relatados. A pesar de que mis propias investigaciones contienen fuentes científicas, estoy segura de que he omitido algunas. Tenga en cuenta que este libro tiene como objeto proporcionar un panorama general de los secretos y misterios del mundo y luego ofrecer mis interpretaciones psíquicas de ellos. Está claro que el campo de mi objetivo es controversial, pero ustedes me conocen: yo incursiono incluso en donde ni los ángeles se atreven a hacerlo.

En su lectura, espero que descubran lecciones y esperanza, por lo menos, que mínimo terminen con una sensación de acción ya sea que estén o no de acuerdo con lo que aquí les presento. Cuando comiencen a investigar, se convertirán en una especie de gnósticos (buscadores de la verdad), porque como dijo Jesús: "Buscad y encontraréis, tocad la puerta y ésta se les abrirá." Después de todo, la búsqueda de la verdad hace que veamos a través de la confusión y descubramos los hechos reales.

Lean todo con la mente abierta y con discernimiento, y no crean algo sólo porque yo (o alguien más) diga que es cierto...; encontrarán su propia verdad divina, la cual es sólo suya.

Prepárense para esta jornada, y esta vez... abróchense los cin-
turones de seguridad... porque están a punto de embarcarse en un
asombroso viaje.

Primera Parte

Lugares misteriosos

1
Stonehenge

En la llanura de Salisbury en Inglaterra yace un círculo magnífico de piedras que fue usado para ceremonias religiosas y ha sido atribuido a los druidas, una casta de sacerdotes celtas. Algunos historiadores dicen que data de cerca del año 3000 A.C., pero cuando estuve allí sentí que databa más bien del año 5000 A.C. Aunque el círculo ha sido reconstruido muchas veces, de alguna manera ha logrado mantener las mismas configuraciones generales.

Hay más de mil círculos de piedras en las Islas Británicas, pero ninguno tan notable como Stonehenge. Es el único que consiste de treinta piedras en posición vertical (17 de las cuales permanecen de pie) que fueron cinceladas, pulidas e importadas del exterior del área local, y es el único con piedras de dintel que fueron esculpidas en forma curva y colocadas por encima de las piedras verticales, formando un círculo de portales.

Es interesante notar que el eje de Stonehenge, que divide el círculo y lo alinea con su entrada, está orientado hacia la aurora del solsticio de verano; mientras que cerca de ahí, en Irlanda, el monumento Newgrange, que fue construido aproximadamente en la misma época, está dirigido hacia la aurora del solsticio de invierno. Ahora bien, podemos conjeturar que se trataba de un tipo de calendario —y estoy segura de que había un poco de eso ya que los humanos siempre hemos estado interesados en el espacio estelar— pero, como veremos, la colocación de las piedras tenía un significado más espiritual. Es como si éstas conllevaran una vibración de energía protectora para mantener alejada la negatividad y ofrecerle seguridad y gracia a las personas que estuvieran en su interior.

En la fotografía se ven las piedras de dintel sobrepuestas a lo largo del círculo superior de piedras en Stonehenge.

Stonehenge ha llegado a ser estudiado por *arqueoastrónomos,* quienes rastrean las prácticas astronómicas de las antiguas culturas. Como pueden notar, incluso en las épocas primitivas o antiguas, seres tales como los egipcios (a quienes nos referiremos posteriormente) estaban extremadamente interesados en las fases del sol y de la luna, y en la configuración de las estrellas. Estoy segura que usaban las estaciones para sus plantaciones para anticipar la época de lluvias, los cambios en la temperatura o las inundaciones, prestando atención en particular a las fases de la luna. (Incluso en la actualidad, sólo tiene que preguntar en las salas de emergencia de los hospitales, en los departamentos de policía, o en mi propia profesión, el tipo de acontecimientos extraños que ocurren durante la luna llena. Los doctores han estudiado por años los flujos menstruales de las mujeres según los criterios de los ciclos lunares; después de todo, tiene sentido que si los océanos son afectados, ¿por qué no lo sería nuestro bienestar físico? *The Old Farmer's Almanac* está basado no solamente en las estaciones, sino también en la fase de la luna durante estos tiempos. Entonces, nada de esto carece de fundamento basado en hechos o en investigaciones).

Aunque no queda duda de que Stonehenge definitivamente tiene una implicación astrofísica, siento que muchos investigadores han omitido el inmenso carácter espiritual inherente a su existencia.

Una mirada a través del velo de Stonehenge

Cuando visité por primera vez Stonehenge en 1978, no había barreras y uno podía deambular con libertad alrededor de las piedras. Hace poco regresé con un grupo de personas, y pude examinar de nuevo las piedras y percibir todas las vibraciones necesarias. La habilidad de tocar un objeto y tener acceso físico a su historia a través de la energía es denominada *psicometría*. Puesto que todo en la naturaleza conlleva una huella, uno sólo debe ser capaz de conectarse con ésta y toda su historia se manifiesta. Como muchos otros lugares que exploraremos en este libro, las rocas de Stonehenge contienen las vibraciones de capas y capas de diferentes tiempos, personas y rituales con los cuales pude conectarme.

La primera impresión que comencé a percibir fue imágenes de personas, cientos de individuos arrastrando enormes monolitos a través de una planicie. Las rocas parecían haber sido cortadas y extraídas de una antigua cantera del suroeste de Inglaterra. También había poleas gigantescas en una máquina construida de forma rudimentaria, pero a la vez bastante sofisticada, con ruedas y sogas que levantaban las piedras. Los hombres que llevaban las piedras lucían primitivos, usaban pieles de animales y sombreros y lucían tatuajes faciales. Alterando el tiempo como cuando se avanza rápidamente a través de éste, pude verlos colocando las piedras en un círculo. También parecían tener algún tipo de soga que medía las distancias. Pude escucharlos gritar y gruñir, pero era un lenguaje que sonaba distinto a todo lo que había escuchado hasta entonces.

En la parte exterior de este círculo perfecto de piedras, había un grupo de mujeres y niños sentados o de pie mientras observaban extasiados. Cada cierto tiempo, salía una exclamación de júbilo de la bocas de algunas de las mujeres, como si estuvieran vitoreando a los hombres. Pude ver que las mujeres y los niños parecían jugar con sus dedos con cuentas rojas o bayas que estaban unidas entre sí. Me recordó a los católicos rezando el rosario pidiendo un milagro especial o invocando una plegaria.

Después que los monolitos fueron colocados en su lugar, lucían relucientes y blancos, ciertamente no tenían el color grisáceo de la actualidad. Cuando el círculo estuvo terminado, todo el mundo se acercó a él y se arrodilló, no de una manera suplicante, sino como si ésta fuera la posición más apropiada y cómoda. El círculo parecía ser un refugio para ellos, donde se mantenían alejados de la negatividad exterior. (Piensen en todas las veces que nos rodeamos de la Luz Blanca del Espíritu Santo, ¿quién podría negar que estas piedras hayan podido servir como protección contra hordas ocasionales de pillos?) Parecía que por la razón que fuera, estas personas sentían que mientras estuvieran en el círculo, su dios (o dioses) los protegía.

Enseguida, apareció un hombre muy alto, vestido con una capa en color rojo vivo y con un sombrero alto en forma de cono con puntas salientes como estrellas. Comenzó a entrar y salir por los portales de piedra, y cada vez que lo hacía, se quitaba la capa al salir y se la colocaba de nuevo al entrar.

Me parecía que trataba de demostrar un renacimiento: atravesando el portal de la vida sin nada, y luego asumiendo la postura de colocarse un atuendo terrenal. El hombre comenzó entonces una pantomima. Señaló a una mujer y le dio instrucciones de tomar a un bebé y quedarse de pie con él, lo cual significa la continuación del linaje.

El grupo comenzó a musitar un cántico gutural; luego, como de la nada, se sirvieron frutas, vegetales y una especia de nueces. El hombre alto de la capa observó alrededor del círculo y pareció complacido. Luego, sus ojos recorrieron la multitud y se fijaron en un hombre sombrío, sin afeitar, acurrucado, cubierto por una especie de manto hecho de piel de animal. Señaló al hombre de baja estatura, emitió lo que pareció un cacareo y la multitud se unió a él. Le hizo señas al hombre de que se acercara, lo cual hizo con la cabeza agachada. El hombre alto extendió su mano, y el hombre de baja estatura y andrajoso dejó caer dos objetos de oro en su palma. El hombre con la capa se giró entonces hacia una mujer que estaba tras él y le entregó los objetos. Ella parecía sorprendida y aliviada, tomó los objetos y se arrodilló con humildad..

El hombre alto le indicó al otro hombre que dejara el círculo, pero éste imploró que no lo desterraran. Pensé *es un ladrón y lo están enviando lejos.* Tan pronto lo pensé, el hombre salió decididamente del círculo cojeando y rápidamente se esfumó en la bruma que estaba comenzando a envolver las llanuras. En ese momento, estaba grabando todo en una cinta y dije: "Bien, la justicia ha sido impuesta aquí para los ladrones y todos aquellos que infringen la ley." Yo sabía que ésa era una época muy primitiva, pero aún así sentía que estas personas tenían una estructura social así como una conciencia moral. No lucían extraños excepto por sus vestiduras (o por la ausencia de las mismas); de hecho, a su propia manera, parecían cuidarse mutuamente y, ciertamente, no lucían desnutridos.

Luego, la escena cambió. No sé exactamente cómo describir este proceso, pero es como ver una película, es casi como si yo estuviera en una máquina mental del tiempo, y cuando comienza, sigue hasta que deseo que se detenga. Ahora, advierto lo que no había visto antes: una enorme piedra blanca en el centro del círculo. La figura de la capa señalaba a cada hombre, que se levantaba y colocaba una lanza muy primitiva en la roca tipo altar que parecía tener el poder de darle a los hombres coraje y fortalecer sus armas.

El campo santo más imponente

Cerca del año 1135 d.C., Geoffrey de Monmouth, en su obra *The History of the Kings of Briton*, afirmaba que Stonehenge fue llevado de África a Irlanda por una tribu de gigantes, desde ahí, fue transportado por aire en manos del mago Merlín a través del mar hasta su sitio actual. Parece que Merlín hizo esto en honor a Ambrosius Aurelianus, rey de los bretones. En su libro *History*, Geoffrey asevera que Ambrosius enterró en el sitio a unos 460 nobles que habían sido asesinados por los sajones, y luego afirma que Uther Pendragon (hermano de Ambrosius y padre mágico del Rey Arturo) y el rey Constantino fueron también enterrados en la vecindad. Según Geoffrey, Merlín le dijo al rey Ambrosius lo siguiente:

Si tú [Ambrosius] deseas honrar la sepultura de estos hombres con un monumento para la eternidad, ve a la Danza de los Gigantes en Killaraus, una montaña en Irlanda. Pues allá encontrarás una estructura de piedras, la cual nadie podría haber erigido en esta época sin un profundo conocimiento de las artes mecánicas. Son piedras de una magnitud enorme y de una calidad maravillosa; y si pueden ser colocadas aquí, de la forma en que están allá, alrededor de este pedazo de tierra, permanecerán ahí para siempre.

Es interesante lo mucho que el Rey Arturo y Merlín surgen una y otra vez en la mitología de Stonehenge. Creo en verdad que estas dos figuras existieron, pero no creo en la rimbombante versión familiar que nos han enseñado en muchas obras de ficción.

Otra leyenda dice que las piedras fueron compradas por el diablo a una irlandesa y erigidas en la llanura de Salisbury. Me parece fascinante que cuando la humanidad no logra explicar algo, con mucha frecuencia le da una connotación negativa, especialmente antes de la era común del cristianismo. Es como si los humanos no hubieran sentido amor hacia Dios antes de la llegada del cristianismo, ni siquiera amaban a *algún* tipo de creador, cualquiera que fuera más grande que ellos.

Ahora llegamos a los druidas. Para cuando ellos aparecieron en escena, había también pequeñas disposiciones de piedras en el interior del círculo exterior. Estas formaciones fueron hechas de diferentes tipos de rocas llamadas areniscas, que los científicos creen que llegaron del suroeste de Gales. En el siglo XVII, los druidas, quienes llevaban hasta entonces más de dos mil años practicando en el Reino Unido, habían sido difamados como satánicos dados al sacrificio humano y a actos por el estilo. (Vale la pena reiterar que cada vez que los seres humanos no comprenden algo, se lo atribuyen al diablo.)

Cuando estuve ahí de pie en la creciente penumbra, viendo esas visiones manifestarse ante mí como un gran caleidoscopio del tiempo, vi algunas figuras con capuchas blancas atravesando la llanura. Parecía haber por lo menos cientos de ellos caminando en una sola fila. No hablaban entre ellos, pero un silencio muy espiritual se sentía por doquier, incluso las personas con quienes yo me encontraba lo sintieron. La atmósfera, los pájaros, el aire... todo quedó en calma, como si estuviéramos traspasando el velo de una época muy lejana. Era obvio que estábamos en la presencia de sacerdotes druidas.

Cuando los druidas se acercaron al círculo, fue casi como si pudiera ver de nuevo ese lugar cuando estaba completo, con todas las piedras en su sitio, y lo que llamo la "piedra del altar" en el centro. Algunos de los sacerdotes permanecieron de pie en el círculo, mientras que otros se quedaron como centinelas en el exterior, y todos comenzaron a entonar cánticos en un tono muy melodioso. Un hombre dio un paso hacia fuera, lo único que lo distinguía del resto era que llevaba una cuerda dorada alrededor de su túnica blanca. Permaneció de pie con sus brazos levantados y comenzó a cantar en voz muy alta, como un coro griego, o como las ceremonias católicas en donde el sacerdote canta y la congregación le responde. Entiendo el latín, y el cántico tenía ese mismo timbre pero mucho más primitivo.

Vi al hombre con la cuerda dorada sacar una hermosa espada de su túnica, la cual depositó luego sobre la piedra del altar; mientras yo la veía, comenzó a irradiar una luz dorada. Después, apareció otro sacerdote y colocó una estatuilla de una mujer desnuda con caderas anchas y grandes senos sobre el altar al lado de la espada. Todo el mundo parecía rendirle homenaje a este ídolo; es interesante notar que había una Diosa Madre presente en ese lugar.

Luego se tomaron de las manos y comenzaron de nuevo a cantar, sonaba como un canto gregoriano. El líder dio la vuelta y todos se sentaron. Llegaron otros dos sacerdotes con unas bolsas y las abrieron sobre el altar. Al principio no pude ver lo que había en ellas, pero después me di cuenta que eran huesos. Era como si estuvieran honrando a sus muertos.

Mientras cantaban sentados, el sacerdote mayor tomó la espada, hizo un gesto hacia uno de los portales de piedra y procedió a señalar hacia el cielo. Más adelante, atravesó el portal y regresó a través del portal contiguo, siempre señalando hacia el cielo con la espada. (Pude ver a través de algunas de las entradas y comprendí de inmediato que cada una de éstas no solamente apuntaba hacia la salida del sol, sino también hacia las diferentes galaxias, incluyendo Andrómeda.)

Los sacerdotes se sentaron por un largo tiempo y luego, al unísono, cada uno siguió al líder a través de las puertas, mientras miraba hacia los cielos. No hubo sacrificio humano alguno, ningún derramamiento de sangre, solamente un grupo de figuras espirituales semejantes a monjes en sus túnicas blancas, agradeciendo a su deidad o a sus deidades y promulgando su propósito aquí en esta tierra.

Todo esto ocurrió en un santiamén, y antes de que pudiera siquiera musitar lo que estaba sintiendo, Francine, mi guía espiritual, dijo: "Ellos están demostrando su creencia en que reencarnamos una y otra vez, y en que venimos de otras galaxias: las piedras son símbolos de nuestra entrada a esta realidad." *Muy semejantes a los primeros celtas, pero mucho más sofisticados en cuanto a que son viajeros en el tiempo,* pensé.

Fue como si los druidas hubieran dicho: "Moriré pero iré al cielo y posiblemente ahí me recuperaré y entonces, regresaré a través del portal de la vida para aprender." Es muy semejante a nuestra creencia como cristianos gnósticos, sin la cuestión de la astronomía. Salí de ahí sintiendo que la vida es un círculo: algunas veces nos descubrimos de regreso en el punto de inicio, a menos que atravesemos los portales de la vida para Dios y aprendamos nuestras lecciones.

Debo hacer aquí una pausa para explicar quién es Francine a aquellos de ustedes que no estén familiarizados con ella. Francine es mi principal guía espiritual y ha estado conmigo desde que nací. (También tengo un guía secundario, Raheim, quien llegó más tarde a mi vida, pero él no aparece en este libro.) Además de ser médium por trance y clarividente, soy *clairaudiente* (significa que *escucho* a mis guías espirituales). He escuchado a Francine desde que tenía siete años de edad, y si usted ha leído alguno de mis otros libros, sabrá entonces que ella es una gran investigadora y que su veracidad ha sido comprobada en innumerables ocasiones. Incluso cosas que parecían descabelladas han sido comprobadas a lo largo de los años (demasiados casos como para mencionarlos aquí).

Francine me dijo que durante los equinoccios de primavera y otoño, el pueblo de Stonehenge llevaba trigo, maíz y frutas al lugar de la piedra del altar como una ofrenda. Era tan simple y a la vez tan hermoso, y ni siquiera misterioso o temible.

Al irme, le pedí a mi grupo que observara los montículos redondos de tierra que rodeaban Stonehenge, pues lucían como cámaras mortuorias. Poco tiempo después, los medios de comunicación informaron que algunos arqueólogos habían encontrado esqueletos en y alrededor de Stonehenge. Detesto decirlo después de ocurrido, pero sé que las personas que estaban conmigo, incluyendo nuestro guía, Peter Plunkett (quien vive en Irlanda), lo recuerdan todo. El aspecto de los restos enterrados también se remonta a la leyenda que relata Geoffrey de Monmouth, respecto a que Stonehenge fue erigido como un monumento conmemorativo. La gente deseaba ser enterrada lo más cerca posible de su lugar sagrado y religioso. Cuanto más importante era la persona muerta, más cerca era enterrada; por consiguiente, los nobles y los líderes más elevados fueron enterrados más cerca del sitio sagrado que aquellos de menor alcurnia.

Como he dicho muchas veces, no dé por cierto lo que yo digo (ni lo que nadie más diga). Investigue los hechos y llegue a sus propias conclusiones. Pero no asuma que todo lo que desconoce es malo o diabólico, ni que ya conocemos todas las respuestas. Una mente cerrada no deja entrar nada... y de paso, tampoco deja salir nada.

2

La isla de Pascua

La isla de Pascua ha sido considerada uno de los lugares más misteriosos del planeta. Localizada en el Pacífico Sur, a unos 3,200 kilómetros entre Chile y Tahití (las poblaciones más cercanas), no es nada fácil tener acceso a ella. El primer europeo en descubrir la isla fue el capitán holandés, Jacob Roggeveen, el día de Pascua de 1722, de ahí su nombre.

Los arqueólogos dicen que hay evidencia de que los polinesios descubrieron la isla cerca del año 400 d.C.; y aunque la mayor parte de los científicos está de acuerdo, algunos dicen que en realidad fue primero habitada por pueblos suramericanos. El explorador Thor Heyerdahl, autor de *Kon-Tiki*, teorizaba que los primeros habitantes provenían de Perú, debido a la similitud de las estatuas de la isla llamadas *moai* con los trabajos en piedra peruanos.

¡El hombre de pie al lado del moai mide un metro con noventa centímetros!

El rango en tamaño de los moai de la isla varía de unas cuantas toneladas y menos de un metro de alto a casi 21 metros de longitud y aproximadamente 150 a 165 toneladas. Hasta la fecha, los científicos han encontrado en la isla 887 de estas estatuas, con una altura promedio de 4 metros y un peso promedio de 13 toneladas. Solamente 288 de las 887 se encuentran en su lugar final estacionario, mientras que el resto se encuentran ya sea en una cantera o esparcidas por la isla en el proceso de ser transportadas.

En la actualidad, la tierra, el pueblo y el idioma de la isla de Pascua son llamados *Rapa Nui* por sus habitantes. Los isleños poseen un lenguaje escrito llamado *Rongorongo*, que no puede ser descifrado por completo incluso hoy en día. Solamente existen 26 tablillas de madera que todavía contienen este lenguaje, y su significado sigue siendo un misterio. Además, la isla contiene muchos petroglifos (labrados sobre piedra) los cuales retratan pájaros y la vida diaria de sus primeros habitantes. Estos eran como un diario diseñado para enseñarles a las generaciones sucesivas cómo vivían y qué hacían en su diario vivir. (La película *Rapa Nui,* dirigida por Kevin Reynolds, está basada en algunos de estos petroglifos.)

Uno de los mayores misterios de la isla de Pascua es la razón por la que su pueblo decidió abruptamente dejar de construir los moai. Los científicos teorizan que la población de la isla creció tanto que dañó el ecosistema hasta el punto de que no podía soportar más la población general. Algunos especulan que los bosques de la isla fueron arrasados hasta el punto de extinción al ser usada la madera para mover los gigantescos moai, y la tierra para la agricultura. Aseveran, además, que debido a que se quedaron sin madera, los isleños ya no podían transportar los monolitos enormes razón por la cual de repente dejaron de lidiar con las estatuas.

De acuerdo con la evidencia, se redujo la cantidad de habitantes de la isla de Pascua debido a una guerra civil que algunos piensan terminó en canibalismo. Fue durante ese tiempo que todas las estatuas fueron destruidas por los isleños, solamente a través del esfuerzo reciente de algunos arqueólogos es que se han logrado colocar los moai en posición vertical. De acuerdo con un artículo de la página de internet de la BBC (**www.bbc.co.uk**), los occidentales llevaron a la isla la esclavitud y enfermedades tales como la viruela y la sífilis, reduciendo la población a solamente 111 en el año 1877. Sin embargo, después de anexar la isla a Chile en 1888, la población ha crecido a aproximadamente 3,800 habitantes en la actualidad.

No estoy de acuerdo con la parte del canibalismo, pero sí sé que la isla de Pascua fue la cuna de una civilización altamente avanzada, y que estos monolitos fueron diseñados para lucir amenazadores y mantener alejados a los extraños. Hay una correlación curiosa con los druidas en el sentido de que ellos tenían sus propias creencias, realizaban sacrificios a sus dioses e incluso algún tipo de magia.

Los moai eran como centinelas silenciosos que los resguardaban de intrusos. Imagínese llegar a esta isla y ver figuras enormes y grotescas con sus grandes cabezas amenazadoras cuidando de modo protectora el mar. Si fuera ignorante y supersticioso, estoy segura que ¡eso lo habría detenido!

Aunque no tienen la misma simetría de Stonehenge, las paredes y el trabajo en piedra de los habitantes de la isla eran excepcionales y podían competir con las obras en piedra de Perú y Egipto. (Sería muy fácil creer que los moai fueron llevados allí por OVNIS, al igual que muchas otras cosas que veremos en este libro, pero no fue así.)

3
Shangri-La

Desde que James Hilton la hizo famosa en su novela *Horizontes perdidos*, Shangri-La ha estimulado la imaginación de muchas personas. Puede ser porque los humanos desean ardientemente que exista un lugar así en el mundo, un lugar en donde todo sea alegría y paz, nadie envejezca y todos vivan en armonía. Siento que es como el anhelo por el Más Allá.

Shangri-La está supuestamente localizada en algún lugar de las montañas del Himalaya en las cercanías de Tibet. (Francine dice que hay una ciudad en forma de loto en el centro del Himalaya habitada por seres del espacio exterior.) Este misterioso lugar también es llamado Shambhala por los tibetanos locales. De acuerdo con un artículo en *The People's Almanac #3* por David Wallechinsky, es conocida como el "Reino escondido", en donde existen seres humanos perfectos y semiperfectos que están guiando la evolución de la humanidad. (No quiero ser muy dura, pero según parece no están haciendo un trabajo muy bueno, aunque a lo mejor estaríamos mucho peor si no estuvieran ahí.)

El reino en forma de flor de loto de Shangri-La está localizado
en el centro del Himalaya.

Shambhala está supuestamente protegido del mundo exterior
por una barrera psíquica y "guardianes de las nieves," y se dice que
las personas que la buscan desaparecen para siempre. Creo que se
congelaron durante la peligrosa travesía o decidieron quedarse allí.
Supuestamente hay un monasterio cerca que es afectado por la
energía residual de Shambhala y muchos que han ido han experimentado increíbles efectos sanadores. Shirley MacLaine visitó el
Tibet y me dijo que había sentido un tipo de energía maravillosa.

Muchos historiadores creen que el sánscrito proviene de Shangri-La, mientras que Francine dice que viene de Lemuria (tema del
cual trataré luego en este libro). Shambhala o Shangri-La también
se supone que sea el origen del Kalachakra, la forma más elevada del
misticismo tibetano. Lo que acredita para mí esta teoría es que Buda
(a quien respeto profundamente como mensajero) predicó las enseñanzas del Kalachakra a los santos de la India. Wallechinsky afirma:

Posteriormente, las enseñanzas permanecieron escondidas durante mil años hasta que un sabio indio yogui partió en busca de Shambhala y fue iniciado en las enseñanzas por un santo que conoció en el camino. El Kalachakra permaneció entonces en la India hasta que llegó a Tibet en 1026. Desde entonces, el concepto de Shambhala ha sido ampliamente conocido en Tibet, y los tibetanos han estudiado el Kalachakra por los últimos 900 años, aprendiendo su ciencia, practicando su meditación y usando su sistema de astrología para guiar sus vidas. Como dijo un lama tibetano, ¿cómo podría Shambhala ser la fuente de algo que ha afectado tantas áreas en la vida de los tibetanos y aun así no existir?

Los textos religiosos tibetanos describen en detalle las características físicas de esta tierra escondida. Se cree que luce como una flor de loto de ocho pétalos porque está compuesta de ocho regiones, cada una rodeada de un anillo de montañas. En el centro del anillo interior yace Kalapa, la capital, y el palacio del rey, el cual está compuesto de oro, diamantes, coral y piedras preciosas. La capital está rodeada de montañas de hielo, que irradian luz cristalina. La tecnología de Shambhala es supuestamente muy avanzada; el palacio tiene claraboyas especiales hechas de lentes, que sirven como telescopios altamente poderosos para estudiar la vida extraterrestre, y durante cientos de años, los habitantes de Shambhala han usado naves y autos como método de trasbordo a través de una red de túneles subterráneos. En su jornada hacia la iluminación, sus habitantes adquieren poderes como la clarividencia, la habilidad de moverse a grandes velocidades y la habilidad de materializarse y desaparecer a su antojo.

The People's Almanac informa que "la profecía de Shambhala declara que cada uno de sus reinos gobernará durante cien años que serán en total 32." A medida que cada reinado termine, "las condiciones en el mundo exterior se deteriorarán" hasta que el último rey salve el mundo comandando una horda poderosa contra el mal. A mí, esto me suena similar a Armagedón. De hecho, ¿no es posible que todo el concepto de Armagedón haya sido compilado de estos antiguos escritos y profecías?

De acuerdo con sus textos religiosos, los monjes tibetanos dicen que todo esto está ocurriendo según está escrito en la profecía de Shambhala. No nos dicen nada respecto a lo que ocurrirá pues la mayoría de ellos piensa que no sabríamos manejar la información o que sencillamente no es asunto nuestro conocerla. Esto es todo lo que sabemos acerca de la profecía. La desintegración del budismo en Tibet, el increíble materialismo y la ausencia de interés que están ocurriendo ahora a lo largo del mundo, así como las guerras y los revuelos del siglo XXI, parecen coincidir con lo poco que conocemos respecto a la profecía de Shambhala.

4

El Triángulo de las Bermudas

Esta área que ha sido la fuente de muchas especulaciones a través de los años, se extiende desde Miami hasta Bermuda y San Juan, Puerto Rico, en el océano Atlántico (el cual pienso que era parte de la Atlántida, pero nos ocuparemos de eso en el siguiente capítulo). Es extraño comprender que esta área tiene forma de pirámide, que parece estar asentada sobre una cuadrícula relacionada con otros puntos de la Tierra que crean fenómenos extraños e inexplicables.

Francine dice que desde México hasta Egipto y desde Perú hasta el mar de China, existen vórtices en cada lado del ecuador que se interconectan para conformar una cuadrícula de áreas altamente electromagnéticas (hay aproximadamente doce en total) que causan extraños fenómenos, no solamente en esas doce áreas, sino también en las líneas que los conectan mutuamente. Ella dice que las líneas facilitaban el transporte a los primeros extraterrestres y que también fueron una especie de cuadrículas de radio o transmisiones para obtener información de un lugar a otro rápidamente en la superficie del planeta, semejante al sistema de satélites usado en la actualidad.

Escuché por primera vez acerca del Triángulo cuando tenía unos doce años y jamás lo olvidaré. Estaba viendo a la cantante, personalidad de radio y estrella de televisión llamada Kate Smith en nuestra televisión Emerson de diez pulgadas (esto debió haber ocurrido cerca del año 1950). Un piloto hablaba con ella respecto a volar sobre este lugar extraño por encima de la costa de la Florida. Siguió diciendo que un objeto silencioso y cilíndrico había pasado al costado de él mientras volaba (lo cual debió haber sido verdaderamente extraño, puesto que en ese entonces solamente teníamos aviones de hélice). Dijo que había intentado contactar el otro objeto a través de su rudimentario sistema de radio, pero lo único que había recibido había sido una voz con "sonido metálico" que decía: "Salga de esta área."

Pensé que esto sonaba como una historia producto de la imaginación, y no creí hasta que finalmente años más tarde, un doctor amigo, en quien confiaba plenamente, se estaba muriendo de cáncer del estómago. Decidió hacer un viaje al Triángulo porque había escuchado sobre sus poderes sanadores, y en ese punto de su vida pensaba, ¿qué podía perder? No importa la cantidad de veces que contaba la historia, siempre lo hacía con gran entusiasmo y fascinación.

Parece que él y otras tres personas (una de las cuales era otro amigo mío que tenía una posición importante en IBM) fueron cerca del centro del Triángulo de las Bermudas a practicar buceo submarino de profundidad. Mi amigo el doctor vio bajo el agua una pirámide con un cristal por encima. Trató de acercarse pero fue rechazado por una fuerza eléctrica que atravesó su cuerpo.

Creo que esto no ocurrió debido solamente a la pirámide (o pirámides: los informes indican que puede haber más de una); los cristales también enviaron una fuerza electromagnética. Estoy segura que en unos diez años aproximadamente, encontraremos los restos de una pirámide con una esfera de cristal tal como la vio mi amigo, probablemente cerca de Bimini, por la costa de la Florida. Buzos han encontrado lo que parecen escalones cerca de Bimini, pero por alguna razón, no se han realizado más investigaciones.

En síntesis, el cáncer de mi amigo desapareció ante la sorpresa total de tres médicos. Aunque algunos se burlaron, la salud de mi amigo fue prueba suficiente para él. Yo estaba muy emocionada, no solamente porque se había curado, sino porque sin saberlo, él había validado lo que Francine nos había dicho a un grupo en 1977.

Ella dijo que el Triángulo de las Bermudas era y es una autopista galáctica en la cual las personas se pueden transportar de un planeta a otro, una especie de experiencia tipo "Teletranspórtame, Scotty" de la serie *Viaje a las estrellas,* o un "portal galáctico" como el que vimos en la serie de televisión y en la película Stargate. Las personas se colocarían en estas rampas tubulares para ser enviadas hacia arriba o abajo a otro planeta. Ella dijo que el único problema es que no tenemos la tecnología para comprender sus conceptos, ni tampoco sabemos cómo ponernos en contacto con el planeta que estamos tratando de alcanzar para poder emplear el mecanismo para utilizarlo. Imagínese subirse en un ascensor sin tener idea de cómo pulsar los botones, se quedaría ahí de pie, sin saber qué hacer ni cómo llegar a ninguna parte.

No parece haber un tiempo particular en donde estos eventos ocurran ni condiciones atmosféricas que los originen. Francine dice que son como sobres en el tiempo que se abren y se cierran. (Existe una historia bien documentada en que un granjero salió de su casa en Nebraska y desapareció mientras caminaba frente a toda su familia. Durante tres días podían escucharlo implorando ayuda en la vacuidad del aire pero nadie podía llegar a él. Eso hace que nos preguntemos... a veces estas desapariciones misteriosas podrían ser casos de víctimas que traspasaron estos portales). No quiero que la gente piense que es algo que ocurre a menudo, pero algunos afirman que más de mil personas se han perdido en el Triángulo de las Bermudas.

No importa qué tantas teorías abunden sobre este tópico, algunos científicos y guardacostas de los Estados Unidos tratan de esconder todo bajo la alfombra aduciendo que son "fenómenos naturales." Sin embargo, es un hecho, que el Triángulo de las Bermudas es uno de los dos lugares en este planeta en donde tantas vidas se han perdido y en donde han sucedido los más extraños acontecimientos (al final de este capítulo les hablaré sobre el otro lugar).

La famosa historia cuando el Triángulo consiguió titulares de prensa involucraba a un bombardero de torpedos (Vuelo 19) en 1945. Salió de Fort Lauderdale, Florida, cerca de las dos en punto de la tarde para una misión de práctica. El teniente Charles Taylor, comandante de la misión, era un piloto muy experimentado, y él y su tripulación iban a volar 90 kilómetros a Hens y a Chicken Shoals para realizar prácticas de bombardeo. Cuando terminaron esto se dispusieron a volar unos 107 kilómetros más al este, luego fueron hacia el norte unos 117 kilómetros y finalmente regresaron a su base, que estaba a unos 193 kilómetros, una ruta que los llevaría en un sendero triangular sobre el mar.

Al cabo de una hora y media, el teniente Cox recibió una transmisión de radio de Taylor indicándole que las brújulas del avión no funcionaban. Taylor pensaba que estaban sobre los Cayos de la Florida, pero Cox le suplicó que volara al norte hacia Miami. El teniente Taylor quedó más confundido e incluso comenzó a pensar que quizá había iniciado su ruta en un punto equivocado según su brújula. (El campo magnético de la pirámide y el cristal submarinos harían que naturalmente se apagaran todos los instrumentos.)

A las 4:45 P.M., era obvio para el teniente Taylor que se había perdido. A las 6:20 la Marina envió aviones de rescate (uno de los cuales también se perdió para siempre y se presume que explotó sobre el océano) en búsqueda del Vuelo 19. La última transmisión del Vuelo 19 se escuchó a las 7:04 P.M.

Incluso bajo condiciones climáticas de calma, esta área parece tener un alto grado de energía electromagnética sobre los instrumentos. Los sondeos sismográficos llevados a cabo en el Océano Atlántico demuestran que hay muchas desviaciones y giros sin explicación en esta parte del mar. Áreas que son relativamente poco profundas descienden de repente hacia algunos de los abismos más profundos bajo cualquier océano. Una de las mejores páginas de internet con información sobre el Triángulo de las Bermudas, **www.bermuda-triangle.org**, fundada y escrita por Gian J. Quasar (quien pasó doce años investigando y documentando cada una de las desapariciones en el Triángulo, por lo menos hasta el punto en que pueden ser documentadas), afirma que muchos de los "accidentes" no pueden ser explicados, incluso cuando muchos enviaron señales de auxilio. Lo que es aún más misterioso, es el caso de aquellos que no enviaron señal de auxilio en lo absoluto.

Dos de los incidentes más fascinantes involucran la desaparición de una nave Super Constellation en 1954 con 42 personas a bordo, en donde no fue encontrada señal alguna de restos ni carga; y la desaparición del buque carguero de 590 pies de largo llamado Sylvia L. Ossa, que sencillamente desapareció en 1976. En ambos casos, el clima era bueno, pero se desvanecieron sin enviar ni la menor señal por sus radios, ni siquiera una señal de auxilio ni al menos un aviso de que estaban en peligro. La carga del Super Constellation contenía almohadas, vasos de papel e incluso balsas salvavidas, todos los cuales flotan, pero la búsqueda de estos objetos resultó infructuosa.

Creo que algo bajo el agua de esta área se activa a cierta hora o bajo ciertas condiciones (quizá como un método de comunicación perdido tiempo atrás), y cuando los botes o aviones encuentran el área activada, se confunden y quedan atrapados en el sobre del tiempo. Le pregunté a Francine: "¡Por Dios!, ¿qué le ocurrió a esas personas? ¿Están sencillamente atrapadas en alguna especie de túnel del tiempo?" Me respondió: "Claro que no. Vamos a encontrarlas."

———— ••◦◦•• ————

Como dato adicional, la página de internet **www.bermuda-triangle.org** afirma que después de mucho escepticismo en los años recientes, la ciencia ha indagado a fondo la causa de las habilidades psíquicas en las personas. (Buena suerte: he sido estudiada y todavía no saben cómo hago lo que hago, ni siquiera yo lo sé.) La CIA, así como los miembros de la antigua Unión Soviética, admiten ahora que "el espionaje psíquico" fue usado por ambas partes. Esta es la primera vez que lo digo: fui contactada por ambas partes, y mi personal puede atestiguar que rehusé de plano participar en eso. Mi misión es ayudar a las personas, no ser espía. Ya sé lo que sé... sólo tengo que relajarme y esperar hasta que ellos lo descubran.

Además, muchas personas no saben que el Triángulo de las Bermudas no es el único lugar en donde se han perdido muchos aviones, naves y similares. También existe un área en el Mar de China conocida como el "Mar del Diablo," donde han ocurrido muchos de los mismos fenómenos del Triángulo de las Bermudas. También es interesante notar que el Triángulo de las Bermudas ha sido llamado "El Triángulo del Diablo."

La página de internet **www.crystalinks.com** afirma que el fenómeno observado en el área del Triángulo de las Bermudas incluye bruma verde brillante y agua blanca reluciente, las cuales pueden observarse en imágenes vía satélite. Dice también que incluso Cristóbal Colón escribió en su diario sobre ese mar. De hecho, el Triángulo engañó de tal manera a la tripulación de Colón que casi los llevó a un motín (esto no es poco usual, ya que muchos han informado que todos los instrumentos se descontrolan en esta área). Esto puede parecer absurdo, pero ¿quién puede negar que ésa no haya sido una de las razones por las cuales Colón estaba tan confundido que creyó haber llegado a las Indias Occidentales en vez del lugar a donde pensaba ir?

El Triángulo de las Bermudas sigue siendo hoy en día un enigma, a pesar de que investigadores, biólogos marinos, la Guarda Costera y el gobierno de Estados Unidos han tratado de descubrir lo que hay tras los fenómenos que ocurren allí. (Y esto sin contar los innumerables casos de investigadores privados como médicos, físicos y científicos que han tratado de averiguar lo que sucede en esa área.)

Extraños descubrimientos siguen surgiendo alrededor del mundo relacionados con el Triángulo: por ejemplo, un libro antiguo escrito por el explorador inglés Percy Fawcett habla sobre indios suramericanos aislados, que describen grandes cristales en la cima de templos enterrados en las selvas de Brasil. Hablan de columnas brillantes y astas de vidrio y cristal, semejante a lo descrito por Edgar Cayce, el gran "profeta durmiente" y Francine. Pero esta información fue registraba y no fue publicada hasta 1950 por el hijo de Fawcett. El coronel Fawcett partió hacia su octava expedición a Brasil en 1925, y él y su grupo jamás regresaron, jamás se encontró ni un rastro de la expedición. (Esta información salió al aire después de que tanto Cayce como Francine habían presentado sus versiones.)

Siempre me confunde la noción de que enviemos cohetes al espacio cuando hay tantos misterios sin explicación por explorar aquí en la Tierra. Esperemos, sin embargo, que con el giro que está dando el planeta, muchos de nosotros estemos vivos para ver resurgir los continentes, o por lo menos parte de ellos, para que nuestras preguntas puedan ser respondidas antes de lo que creemos.

Ilustración de la Atlántida, se observa el abuso de los recursos naturales por parte de los atlantes.

5
Atlántida: El continente perdido

Cuando tenía unos ocho años, mi abuela me habló por primera vez de un "continente perdido" en el Océano Atlántico. No he escrito mucho sobre mi abuela hasta este libro, pero permítanme ahora declarar que fue uno de los grandes amores de mi vida. Provenía de la nobleza alemana y estaba orgullosa de su herencia, pero de una forma humilde y no vana.

Abuela Ada medía 1.75 m. y era voluptuosa, una rubia muy bonita con grandes ojos azules. Solamente había realizado ocho años de estudios en un convento, sin embargo, había leído todos los libros de la enorme biblioteca de su padre y podía citar de memoria pasajes enteros de todos los clásicos. (Heredé un poco su buena memoria.) Al igual que yo, Abuela Ada no podía aplicar sus poderes psíquicos para ella misma, pero podía realizar sanaciones, hablaba con los espíritus, tenía visiones y más. Mi abuela también era como

Edgar Cayce en lo relativo a sus "voces". Nunca los llamaba por sus nombres, solamente decía: "Ellos me dijeron..."

La razón por la cual la menciono aquí es porque la Atlántida era el tema del que prefería hablar por encima de todos, aparte del Más Allá. Creía que había vivido antes en Atlántida; y al igual que yo siento respecto a mi amada Kenia, ella era prácticamente adicta al continente perdido. Al menos yo he podido ir a Kenia muchas veces, por desdicha, mi abuela jamás pudo ir a Atlántida y experimentar el sentimiento de estar en el hogar. Por esa razón, le producía éxtasis todo lo que escuchaba, leía o evocaba de parte de sus guías.

Al hacerme mayor y decirle todas las cosas que Francine me contaba de la Atlántida, decía: "¡Oh, así es... por favor sigue, eso comprueba lo que he escuchado!" Además, complementábamos mutuamente lo que la otra no sabía. Lo que sigue a continuación es la información reunida a través de mis investigaciones, mis clientes bajo estado hipnótico, mi abuela y Francine.

Descubrimientos del continente perdido

Cuando visité la isla griega de Santorini no hace mucho tiempo, tuve el orgullo de ver libro tras libro afirmando que la isla era parte de la Atlántida. Usted podría preguntarse cómo una isla del Mediterráneo tiene lugar en un fenómeno del Océano *Atlántico*. Y bien, la parte oriental de la Atlántida estaba a un lado de la costa de España y África, y Francine dice que la parte occidental se extendía hasta el Caribe y la Península de Yucatán, cubriendo también el Triángulo de las Bermudas y el Mar de los Sargasos. La Atlántida también tenía pequeñas islas adyacentes, y una de ellas era Santorini, de igual manera que Catalina se encuentra cerca de la costa de California (aunque Santorini estaba más lejos de la Atlántida que Catalina de la costa de California).

La página de internet **www.world-mysteries.com** señala que *Timeo* y *Critias*, dos de los diálogos de Platón, son los únicos registros escritos existentes que se refieren específicamente a la Atlántida. Los diálogos son conversaciones entre Sócrates, Hermócrates, Timeo y Critias en los cuales estos dos últimos le hablan a Sócrates sobre esta sociedad que ellos conocieron. Esto podría obviamente validar la aseveración de que Santorini (siendo griega) fuera parte original de la Atlántida.

Los diálogos nos hablan de un conflicto entre los antiguos atenienses y atlantes 9,000 años antes de la época de Platón, por lo cual es comprensible que no haya sobrevivido casi nada de lo escrito en esos días respecto a cualquier cosa, mucho menos la Atlántida. Quedan algunos escritos de Aristóteles de su propia época, pero en verdad no han sobrevivido los textos completos de lo que llegaron a escribir estos grandes maestros. Francine dice que mucho de lo que fue escrito en ese tiempo fue destruido en la quema de la biblioteca de Alejandría, pero incluso eso era limitado, pues en esa época dependían en gran parte de la tradición oral. (Me parece divertido que aceptemos sin reservas la Biblia como una historia válida en la tradición oral, pero cuando se habla de cosas tales como Atlántida o Lemuria, aparezcan los científicos incrédulos...)

El continente de Atlántida parece haber hecho su primera aparición hace aproximadamente 500,000 años, y logró su pináculo hace unos 12,000 a 15,000 años como un continente muy artístico y orientado hacia la ciencia, al contrario de Lemuria, el cual tenía unas bases muy espirituales enraizadas en su cultura. (Hablo más de Lemuria en el siguiente capítulo). Considerando que Lemuria fue destruido debido a una progresión natural de eventos por la Madre Naturaleza, los altamente competitivos atlantes, en realidad se destruyeron a sí mismos como resultado de su conocimiento respecto a la energía atómica y la física nuclear.

Al final, cuando gran parte del continente fue arrasado debido a los primeros experimentos con la energía electromagnética, la gran mayoría de sus ciudadanos fue asesinada, excepto algunos de ellos que escaparon a partes de España, Egipto y Yucatán. (Al igual que los atlantes no parecían preocupados por la contaminación del globo con sus industrias y si los humanos modernos no dejamos de hacer lo que le estamos haciendo a nuestro planeta, nos encontraremos en la misma situación. El poder absoluto *corrompe absolutamente*.)

Antes de seguir, examinemos la evidencia de la existencia de la Atlántida según nos informa **www.world-mysteries.com**.

- **Una pirámide explorada por el doctor Ray Brown en el suelo marino de las Bahamas en 1970.** Brown estaba acompañado por cuatro buzos que también encontraron calles, domos, edificios rectangulares, instrumentos metálicos no identificados y una estatua sosteniendo un cristal "misterioso" que contenía pirámides en miniatura. Los equipos metálicos y los cristales fueron llevados a la Florida para su análisis en una universidad. Se descubrió que amplificaba la energía que pasaba a través del cristal.

- **Ruinas de calles y edificios encontrados cerca de la isla de Binini [sic] en la década de los sesenta en las expediciones fotografiadas y publicadas del doctor Mansan Valentine.** Ruinas submarinas similares fueron también fotografiadas cerca del Cayo Sal en las Bahamas así como cerca Marruecos y fotografiadas a una profundidad entre 15 y 18 metros.

- **Una pirámide enorme de 11 habitaciones encontrada a 3,000 metros de profundidad en medio del Océano Atlántico, con un enorme cristal en la cima, según lo informado por Tony Benlk.**

- **Un informe del año 1977 de una pirámide enorme encontrada cerca del Cayo Sal en las Bahamas, fotografiada por la expedición de Ari Marshall, a unos 45 metros de profundidad.** La pirámide medía unos 200 metros de altura. Misteriosamente, el agua que la rodeaba estaba iluminada por un agua de un blanco destellante que fluía de una de las aperturas de la pirámide y estaba rodeada de agua verde, en lugar del agua negra que estaba en todas partes a esa profundidad.

- Una ciudad sumergida a unos 640 kilómetros de Portugal fue encontrada por expediciones soviéticas dirigidas por Boris Asturua, con edificios construidos en concreto y plásticos extremadamente fuertes. Asturua dice: "Los restos de las calles sugieren que usaban monorrieles para el transporte." También se rescató una estatua.

- Heinrich Schliemann, el hombre que encontró y excavó las famosas ruinas de Troya (la cual los historiadores pensaban que se trataba de una leyenda), presuntamente dejó un recuento escrito de su descubrimiento de un jarrón de bronce con un metal desconocido para los científicos que lo examinaron, en el famoso Tesoro de Príamo. En su interior, había grabados en fenicio declarando que era del Rey Cronos en Atlántida. Se encontraron cerámicas idénticas en Tiahuanaco, Bolivia.

Se presume que existen muchos más descubrimientos, pero usted se puede dar una idea por medio de los anteriores. Evidentemente, se han realizado muchas investigaciones que revelan civilizaciones antiguas de las cuales no conocemos nada. Francine dice que hace muchos años la Atlántida pasó por tres grandes cataclismos en su historia: el primero fue hace 50,000 años; el segundo hace 25,000 y el tercero, que destruyó su civilización, ocurrió hace 12,000 años. Dice que esos estragos fueron vistos por algunos atlantes como advertencias de que estaban incursionando en cosas que destruirían su civilización. Por desgracia, estos "profetas de cataclismos" eran minoría y no fueron escuchados.

A continuación, es interesante observar lo que la página **www.world-mysteries.com** tiene que decir sobre la Atlántida:

> Es fascinante la historia de cómo llegaron a habitarse estos continentes con civilizaciones altamente avanzadas, pero después de muchos miles de años. Todo terminó por última vez hace cerca de 11,500 años con los dramáticos eventos planetarios que hundieron y alteraron los continentes cubriendo de agua la mayoría de la tierra. En los textos sumerios se encuentran algunas claves de la historia en la tierra antes de nuestra historia reciente registrada.

Este es un cronograma histórico muy similar al que nos fuera revelado por nuestros guías a la Abuela Ada y a mí, con una diferencia de unos 500 años. Muchos piensan que lo ocurrido a la Atlántida fue similar a lo que he dicho con frecuencia en la televisión: un desplazamiento de los polos que ejerce fuerza en algunas masas de tierra y, al mismo tiempo que ocurre un giro planetario, ocasiona una grieta en los continentes. Tanto Lemuria como Atlántida se hundieron debido a un desplazamiento de los polos, y el resultado fue que la mayor parte de la tierra quedó cubierta de agua.

Los atlantes experimentaban con energía electromagnética y gravedad, que dice Francine fue causa mayor de su devastación. Normalmente, el desplazamiento de los polos solamente precipitaría erupciones volcánicas, terremotos y algunas masas de tierra se moverían o se agrietarían levemente, pero aquél fue el más grande de la historia del planeta Tierra. (Y sin hacer mucho esfuerzo, esto explicaría la historia del Arca de Noé). En los antiguos textos sumerios también encontramos mucho de este "cubrimiento de la tierra por agua".

La vida en la Atlántida

Hay muchas teorías respecto a cómo eran los atlantes. Sabemos que su jerarquía consistía básicamente en dos clases: los ricos y los esclavos. Por supuesto que tenían sus gobernantes y varios concejos de personas mayores y consejeros, pero estos eran incluídos en la clase de los "ciudadanos," la mayoría de los cuales eran bastante ricos, probablemente en gran parte debido a que también existía una clase compuesta por esclavos. Es bastante curioso que los esclavos eran tratados bastante bien y era respetados por sus talentos, de hecho, según los estándares modernos, serían llamados "clase media" y algunos incluso lograban atesorar un alto nivel de riqueza. La Atlántida era una civilización muy indulgente, y casi todos compartían su abundancia.

Las personas del continente perdido vivían 800 años (suena como Matusalén en la Biblia) y medían entre 2.30 y 4 metros (la Biblia también habla de gigantes en el Capítulo 6 del Génesis). Podríamos pensar que estos "gigantes" eran pura fantasía, pero unos arqueólogos quedaron estupefactos cuando descubrieron más de una docena de esqueletos que medían entre 2.30 y 4 metros en varios lugares alrededor del mundo. Los diarios de los conquistadores españoles también describen gigantes rubios de entre 2.30 y 4 metros de altura corriendo por los Andes durante la conquista de los Incas. (Estas historias son comparables con las exploradas anteriormente respecto a los guardianes de las nieves en Shambhala.)

El amor de los atlantes por las artes y la cultura era de inmensa magnitud en sus vidas, pero también lo era la tecnología, cuyo interés ocasionó su caída al salirse de control. Los civiles del continente perdido comenzaron a interesarse en asuntos creativos tales como la filosofía, la escritura, la escultura y la pintura, pero gradualmente se convirtieron en seres más tecnócratas y muy comerciales. (Ahora mismo en este planeta, veo una situación similar en la que tenemos la facción espiritual, que se orienta hacia la estética, y los tecnócratas altamente concentrados en el enriquecimiento comercial.)

La Abuela Ada y yo canalizamos que la Atlántida era una civilización altamente evolucionada, que era más sofisticada desde el punto de vista tecnológico que lo que hoy día podría uno soñar. Por ejemplo, los atlantes usaban las computadoras no solamente para almacenar datos, sino también para realizar juicios concretos basados en razonamientos inductivos y deductivos. Además, una gran parte de su tecnología fue dedicada a diferentes formas de energía (incluyendo la energía solar) y lo que podían hacer con ella. Explotaban la fuerza de gravedad, se interesaron someramente y experimentaron con las fuerzas electromagnéticas, y usaron cristales, grandes y pequeños, para enfocar esas energías. Por desdicha, la mayor parte de sus conocimientos se ha perdido para siempre.

En 1938, Edgar Cayce sugirió en dos sesiones psíquicas que los atlantes controlaban la energía atómica y las fuerzas radioactivas. Uno se tiene que preguntar cómo un hombre que jamás viajó mucho (y no tenía entrenamiento científico alguno) hace más de sesenta años pudo referirse a términos tales como *radiación y energía atómica...* o cómo Francine pudo entregarme la misma información antes siquiera de que yo hubiera investigado a Cayce.

Muchos teóricos (incluyendo a la Abuela Ada y a mí misma) creen que la Atlántida fue una colonia de extraterrestres, algunos creen que provenían de la constelación de Lyra, mientras que Francine dice que fue de Andrómeda. Es posible que esto explique la razón por la que los atlantes podían levitar. Y quizá por ser de otro planeta, sabían usar los campos gravitatorios de la Tierra. Poseían vehículos que volaban por el cielo, vehículos propulsados con energía nuclear y máquinas que enfriaban o calentaban ciudades enteras. Sabían tanto sobre la atmósfera que eran capaces de controlarla con poderosas máquinas ionizadas, y fueron quienes construyeron el portal en el Triángulo de las Bermudas.

También tenían control sobre el clima, los terremotos y las erupciones volcánicas, aunque en el momento de su existencia, nuestro planeta era todavía más violento en su naturaleza que en nuestra época. Este control sobre el clima contribuyó en gran parte a

ATLÁNTIDA: EL CONTINENTE PERDIDO

la economía de los atlantes al ayudarlos a producir cosechas extraordinarias que avergonzarían nuestros endebles vegetales. Además, era sorprendente la manera como sabían preservar los alimentos. Bajo regresión hipnótica, uno de mis clientes dijo que "vio" a los atlantes usar un tipo de papel aluminio que preservaba la comida por años sin destruir su sabor.

Los atlantes tenían jardines y cascadas impresionantes, casi como un sistema de canales, que recorrían muchas de sus ciudades. Sus edificios públicos y sus casas eran de una belleza espectacular. Muchos vivían en estructuras tipo pirámide, de hecho, los atlantes hicieron de las pirámides el punto focal de su civilización. Mi abuela y yo intuimos que algunas de las pirámides eran centros holísticos, así como estaciones centrales de comunicación que fueron usadas como transmisores o estaciones telefónicas, desde las cuales las personas podían enviar y recibir mensajes instantáneamente. Estas estructuras podían ser construidas rápidamente, usando un tipo de varilla antigravitatoria, y la tecnología fue transmitida al antiguo Egipto y a otras culturas y luego se perdió. Gran parte de su arquitectura contenía muchas columnas y arcos, diseños que también fueron adoptados por los griegos y los romanos.

El pueblo del continente perdido no enterraba a sus muertos, sino que, más bien, los incineraban usando un tipo de energía láser enfocada a través de cristales. Construyeron grandes pirámides para realizar sanaciones, de nuevo, usando cristales. Sus centros de sanación tenían lo que se podría llamar una mesa de masaje actual, encima de la cual el paciente se recostaba, y múltiples cristales eran entonces enfocados sobre él o ella para emplear terapia de luz y color, cirugía láser y energía magnética. Los técnicos de la sanación (médicos) acudían con diferentes tipos de ungüentos y bálsamos o drogas, dependiendo del tratamiento necesario, y usaban cristales en el proceso de sanación.

Los atlantes también tenían un tipo de máquina para rejuvenecer el cuerpo que empleaba energía electromagnética a través de cristales, que ayudaba a extender la vida... y, como dije antes, la duración de la vida en Atlántida era por lo general muy larga. Además, usaban esta máquina para el diagnóstico de enfermedades, porque la persona iba a una especie de cámara y la máquina "leía" su aura, como si fueran rayos X magnéticos (pero más sofisticados que un IRM) que proporcionaban fotografías integrales del cuerpo.

Los órganos artificiales fueron usados para trasplantes cuando era necesario, pero al final, cuando su civilización se tornó más corrupta, los atlantes comenzaron a experimentar con animales y humanos de formas extrañas y peligrosas, incluso hasta el punto de intentar realizar combinaciones entre los humanos y los animales. Francine dice que muchas de nuestras criaturas mitológicas, como el Fauno o el Minotauro, se derivaron de las historias de estos experimentos. Esto comenzó al intentar realizar criaturas diferentes de dos especies distintas, pero a partir de ahí, todo se deterioró.

Con el progreso del tiempo, parece que los atlantes usaron su tecnología para lograr más poder, y no solamente para la sanación y el rejuvenecimiento. Como con todas las cosas grandes y pequeñas, la codicia se convirtió en su propio amo y comenzaron a usar cristales para mejorar su tecnología y canjearla por cosas mayores y mejores. Parece que el poder del cristal fue entonces usado con propósitos destructores tales como el exterminio de grupos de personas que le disgustaban a las clases gobernantes. (Quizá se trata de las máquinas voladoras descritas en los textos sánscritos, con rayos mortales que causaban estragos y destruían a miles de personas.)

Sea cual sea que haya sido su final, los atlantes usaron la energía nuclear y magnética, disfrutaron de capacidades tremendas de sanación, y sus conocimientos científicos no se llegan a equiparar con los de hoy en día. Quizá en algún futuro distante, la humanidad aprenderá que es suficiente admirar la legendaria caja de Pandora sin tener que abrirla y liberar el poder llamado "codicia."

Usted puede encontrar supuestos conocimientos científicos sobre el continente perdido en muchas páginas de internet, y puede leer los libros en los que Edgar Cayce presentaba información al respecto, esto sin mencionar muchos, muchos más individuos que poseen teorías sobre la Atlántida. No obstante, como he dicho, mi información no proviene solamente de libros o páginas de internet, he reunido mucha información sobre la Atlántida de mi abuela, de Francine y de cientos de clientes en regresiones hipnóticas de muchas partes del mundo que no tenían idea de lo que otras personas habían dicho.

Cuando esta información sea reunida y se justifique, será como mi libro *Life on the Other Side*, en el que innumerables personas tienen visiones y conocimientos similares de nuestro "Hogar." En combinación con lo que he canalizado, mucho tiempo antes de comenzar mis propias investigaciones, esta miríada de verificaciones no puede evitar hacerlo reflexionar y darse cuenta de las cosas. Parece que todas las personas bajo hipnosis validan la información que he reunido mucho antes de Francine y mi abuela.

¿No sucede que los científicos siguen investigando lo mismo hasta que consiguen una resolución irrefutable? Es obvio que así es. Por esta razón, como he dicho muchas veces, no asuman *mis* palabras como ciertas, más bien, lleguen a sus propias conclusiones derivadas de sus propias investigaciones.

El continente perdido de Lemuria (o Mu) estuvo localizado
una vez en el Océano Pacífico.

6
Lemuria

Lemuria, un continente que existió en el Océano Pacífico aproximadamente en la misma época que la Atlántida, parece haber sido olvidado, a pesar de haber sido el opuesto espiritual de la Atlántida. Los lemurianos creían que el materialismo no era un objetivo por sí mismo, sino que, más bien, colocaban más énfasis en la sanación, el arte, la música y la espiritualidad.

Los ciudadanos de Lemuria, o Mu, como es conocida en algunos círculos, estaban interesados en la clarividencia y la telepatía, las cuales eran aceptadas como la norma en vez de la excepción. Mu probablemente estaba más cerca de Shangri-La de lo que cualquier continente que hayamos conocido en este mundo. Muchos creen (y Francine concuerda) que de *ahí* proviene el sánscrito. (Los esenios y todo el movimiento gnóstico también datan de esa época.)

Aunque se dice que los atlantes eran muy altos, de tipo nórdico, los lemurianos eran de más baja estatura y más oscuros de piel. Ambos parecen haber sido de una belleza inimitable, y según Francine, tenían un ADN casi perfecto. Sin embargo, Lemuria no estaba tan poblada como Atlántida, y las personas se vestían de forma muy similar, al estilo de Jesús, con túnicas café o gris y sandalias. Vivían de manera muy simple, y su meta era el bienestar de la familia y los amigos así como el mejoramiento global. Al igual que los druidas, los lemurianos estaban interesados en el movimiento de las estrellas y los equinoccios. Francine dice que eran excelentes cultivadores, y cosechaban frutas y vegetales del tamaño promedio de la cabeza de una persona.

Las casas de los lemurianos tenían forma de pirámide, al igual que los domicilios de los atlantes. (Advertirá que las pirámides aparecen con frecuencia en este libro, después de todo, observe el tipi de los indios americanos: ¿no tiene la forma de una pirámide? Este diseño parece ser muy eficiente pues logra mantener el calor en el interior y evitar la entrada del frío.)

Sin embargo, la gente de Mu no se interesaba por la tecnología como los atlantes, más bien, les atraía las hierbas, las curas naturales y holísticas y la imposición de manos. Lo más cercano a su líder sería alguien como el Dalai Lama, o un chamán que se hubiera elevado a la ascensión espiritual. Al igual que los indios americanos o la cultura Masai en África, siempre había un sabio o una sabia a quien las personas acudían en busca de consejo.

Siempre me ha sorprendido que la pureza del alma se origine de una sola mente en un grupo, sin embargo, a menudo esto hace que alguien se encumbre y se convierta en un falso salvador. Como de manera sorprendente, esto no ocurrió en Lemuria. Sabiendo cómo está el mundo hoy en día, es probable que esta haya sido la primera y la última vez que esto haya podido suceder.

En mi iglesia, la Sociedad de Novus Spiritus, dejamos que cada cual descubra su propio centro divino, y caminamos juntos llenos de esperanza buscando nuestra verdad, siguiendo las palabras de Cristo "buscad y encontraréis." La verdad y no el dogma, conectará a las personas en una búsqueda común para la gloria de Dios. Dice Francine que quizá así era Mu.

Los lemurianos tenían sus ceremonias religiosas, pero también disfrutaban de festividades importantes que celebraban cada equinoccio, cuando danzaban y cantaban e incluso bebían una cerveza ligera hecha de una substancia basada en harina de maíz. Eran monógamos; las familias eran las unidades principales y sus ocupaciones básicas eran cultivar, tejer, construir y preparar los alimentos. Aunque compartían mucho en comunidad, y todos ayudaban a cultivar los campos y a cuidar mutuamente de los hijos, no era como vivir en una comuna en lo absoluto. Más bien, las familias vivían cerca de las otras por necesidad y para su supervivencia. Debido a la paz y la armonía reinantes, no había mucho crimen en Mu.

Muchos animales ahora extintos también vivían en ese continente. Un felino, más grande que nuestros gatos domésticos y con características más definidas, era una de sus mascotas favoritas, así como un tipo de perro parecido a un chacal mucho más grande pero muy dócil. Los elefantes (un poco más pequeños que la variedad actual) se usaban para trabajar y también había una especie de bovino que producía leche.

Ahora bien, no creo en el comunismo porque destruye la iniciativa, pero sí creo que *puede* lograr mucho si todos comparten un interés similar en el progreso de su propia espiritualidad. Si no existe un dictador fanático que se lleva todo el dinero, puede funcionar. En Lemuria había una forma de comunismo en la cual todos eran iguales, pero Mu no llegó a corromperse ni a indisciplinarse, ¡quizá porque se agrietó y se hundió muy rápidamente en un desplazamiento polar! Me gustaría creer que hubiera permanecido puro, y sin tratar de ser cínica, a menudo me pregunto si hubieran permitido que entraran extraños (lo cual nunca hicieron), si eso hubiese cambiado la perspectiva de los lemurianos o los hubiera convertido en personas más materialistas. Es evidente que ellos también lo sintieron, puesto que a muy pocas personas se les permitió establecerse en el continente y solamente podían quedarse si seguían el programa, por decirlo así.

El libro de Urantia, publicado por la Urantia Foundation, presenta más información sobre Lemuria, pero como muchas obras escritas sobre el tema, parece ser más bien vago. Francine dice que la mayoría de los escritos relacionados con Mu son textos sánscritos, y muchos son bastante específicos. La cultura de Lemuria duró de unos 10,000 a 12,000 años, durante los cuales el mundo exterior no tuvo contacto a menudo con ellos. Sus escritos, espiritualidad, arte y música progresaban, no siendo así su materialismo.

Los lemurianos se mantuvieron como una sociedad cerrada, lo que posiblemente contribuyó a la continuación de su cultura comercial estática, a su total dependencia en ellos mismos, y a la falta de perversión e influencia del mundo exterior. Recibieron visitas ocasionales de los atlantes, pero en general, la Atlántida los dejó solos en paz.

Estoy segura de que los lemurianos también contactaban a seres extraterrestres, igual que Atlántida, ciertos textos en sánscrito hablan de máquinas voladoras. Si esto ocurrió, entonces explicaría las naves y los demás inventos que han llegado gradualmente a la conciencia moderna, gracias a un grupo selecto de seres que tuvieron el privilegio de ver algunos de estos textos. El problema es que las personas que tratan de interpretarlos parecen quedarse tan fascinados con la información que no desean dejarla. Otra razón para la limitada información sobre Lemuria es que el sánscrito es un lenguaje muy difícil de aprender y traducir, y muchos dicen que los monjes de Tibet no dejan que el público vea los textos que guardan. Esto tiene sentido, especialmente cuando la información puede ser muy controversial, y ellos tienen al gobierno chino sobre sus hombros. Créanme, cuando llegue el momento adecuado, la información saldrá a la vista, pero no mientras el mundo esté pasando por los estragos actuales.

Francine dice que cada 12,000 a 15,000 años, el desplazamiento de los polos hace que unos continentes emerjan y que
otros se hundan, así es que Lemuria y Atlántida podrían elevarse
entre 2020 y 2030.

Segunda Parte

Criaturas
extrañas

Un ejemplo de la forma que podría asumir una tulpa.

7
Tulpas

Usted podría preguntarse por qué he reunido varias criaturas legendarias en un capítulo, pero mientras avanzamos, le demostraré cómo caen bajo la misma categoría de pensamientos que se convierten en cosas, o lo que llamamos *tulpas*.

Cuando la escritora y exploradora Alexandra David-Neel realizó su peregrinación al Tibet, una de las muchas técnicas famosas, pero a la vez místicas, que estudió fue la creación de la tulpa. En su libro *Nueva Era*, los autores Eileen Campbell y J. H. Brennan señalan:

> Una *tulpa*, de acuerdo con las doctrinas tradicionales tibetanas, es una entidad creada por un acto de la imaginación, como los personajes ficticios de un novelista, excepto que las tulpas no son registradas por escrito. [Alexandra] David-Neel llegó a interesarse tanto en este concepto que decidió intentar crear una.

En esencia, el método consistía en concentrarse y visualizar con intensidad. La tulpa de David-Neel comenzó su existencia como un pequeño monje gordinflón parecido al Fraile Tuck de Robin Hood. Era un sujeto totalmente subjetivo que gradualmente, a través de la práctica, fue capaz de visualizar la tulpa en el exterior como un fantasma imaginario revoloteando en el mundo real.

Con el tiempo su visión creció en claridad y sustancia hasta que llegó a ser indistinguible de la realidad física, una especie de alucinación autoinducida. No obstante, llegó el día en que la alucinación se escapó de su control consciente. Descubrió que el monje aparecía a menudo cuando ella no tenía la intención de invocarlo. Además, su pequeña figura amigable estaba adelgazando y asumiendo un aspecto significativamente siniestro.

Eventualmente, sus compañeros, quienes no estaban al tanto de la disciplina mental que ella estaba llevando a cabo, comenzaron a preguntarle sobre ese "extraño" que había irrumpido en su campamento, indicación clara de que una criatura que no era más que imaginación solidificada tenía definitivamente una realidad objetiva.

En este punto, David-Neel decidió que las cosas habían llegado demasiado lejos y aplicó distintas técnicas de los lamas para reabsorber la criatura en su propia mente. La tulpa se mostró extremadamente renuente a enfrentar su destrucción de esta manera, por lo cual el proceso tomó varias semanas y dejó extenuada a su creadora.

Después de leer esta reseña, quedé tan fascinada que comencé a explorar a fondo el tema. *¿Cómo es posible?* me preguntaba. Ya sabía que los pensamientos son cosas, pero esto le daba un nuevo significado, e incluso un aspecto temible, a las afirmaciones.

Durante mis investigaciones, conocí a un grupo de seis personas en Inglaterra que hace unos años también fueron capaces de crear una tulpa. Cada noche, Marian Hallsley se reunía con sus amigos

con el fin de contactar a los muertos. No se trataba de personas ignorantes ni frívolas, entre ellos había un periodista, un científico, un
dentista, un médico y un hombre de negocios. Después de numerosos
intentos por conectarse con los muertos, seguían sin lograrlo. Incluso
llegaron a llamar a médiums, pero nadie pudo contactar a seres del
Más Allá.

Una noche, Marian tuvo una idea: ¡el grupo generaría su propio
espíritu! Así es que noche tras noche, esta reunión se aplicó con-
cienzudamente a hacer real una entidad. Le asignaron una fecha de
nacimiento, un lugar de origen (Liverpool), y un nombre (Edward
Howard). Registraron su altura, su peso exacto, el color de su cabello
y su bigote. Le dieron esposa y dos hijos y decidieron que sería
banquero; incluso determinaron que usaría un sombrero de hongo
y un traje de seda inglesa, fumaría pipa y llevaría bastón. El grupo
comenzó a crear la infancia de Edward y a imaginar sus ideas. Como
señaló uno de los seis participantes: "Sabíamos más sobre Edward
que lo que conocíamos mutuamente de nosotros."

Una noche, después de casi un año y medio de construir el
panorama completo de la vida de Edward, la mesa alrededor de la
cual se reunía el grupo, comenzó a moverse con tal violencia que
todos se alejaron de ella de un brinco. Efectivamente, ¡se trataba de
Edward Howard en toda su gloria! El grupo, con su concentración
extraordinaria, había creado una tulpa. La historia ha sido muy bien
documentada, incluso logré hablar con Minnie Bridges, quien fuera
alumna de la universidad Espiritualista que frecuentaba Sir Arthur
Conan Doyle, y ella corroboró haber visto a Edward; de hecho, muchos
de los médiums del área fueron llamados para deshacerse de él.

Ahora bien, no pretendo asustarlos creyendo que pueden crear
una tulpa, y debo mencionar que este proceso parece funcionar solamente en el caso de aquellos que tienen mucho tiempo en sus manos;
además, la atmósfera y las condiciones tienen que ser las apropiadas.
Tibet sería un lugar ideal debido a su misticismo y a la práctica de
la meditación, así como Inglaterra, pues su neblina conduce energía

eléctrica (en este caso, energía mental). Deseo más bien reiterar: ¡el hecho de que los pensamientos son cosas asume aquí un significado totalmente nuevo!

El monstruo del lago Ness

La primera tulpa que exploraremos es el monstruo del lago Ness o "Nessie", como lo llaman en Irlanda y Escocia. Cuando fui a las Islas Británicas, escuché una antigua narración que relata la historia de San Columba, quien fundó el primer monasterio en Escocia. A mediados del siglo VI, San Columba vio presuntamente al monstruo, y debido a su relato el mundo comenzó a propagar el rumor; se escribieron artículos al respecto y apareció repentinamente la famosa fotografía que parece un dinosaurio prehistórico con el cuello apenas saliendo del agua (ya se ha comprobado que se trataba de una farsa).

Es extraño que Nessie no se haya convertido en una novedad hasta la década de los treinta, a pesar de que la leyenda dice que siempre ha vivido en el lago. Rupert T. Gould fue pieza clave en la presentación del monstruo al mundo con *El caso de la serpiente marina*, en el que describe 51 informes de avistamientos de Nessie; la obra de Constance Whyte llamada *Más que una leyenda* también ayudó a avivar el interés por el monstruo en la década de los cincuenta.

De hecho, podría dedicarse todo un libro a las fotografías, películas y grabaciones de Nessie, sin embargo, hasta ahora todas las "evidencias" han resultado ser falsas o inconclusas. Científicos y expertos no han podido demostrar que el monstruo existe aunque el lago Ness ha sido incluso examinado por medio de sondas, sonares, radares, ha sido dragado durante años, y se han colocado cámaras día y noche.

La mejor búsqueda y probablemente la más extensa y famosa de todas ha sido la llamada "Operación Deepscan" en 1987. En ésta científicos realizaron una redada del lago con 24 botes, cada uno de los cuales estaba equipado con un equipo de sonar explorador y trabajaron en conjunto para cubrir toda el área submarina del lago Ness. A pesar de que encontraron algunos "contactos," nada concreto surgió de la investigación. En julio de 2003 la cadena BBC informó que un equipo de investigadores comprobó de una vez por todas que no hay ningún monstruo en el lago. Usando 600 rayos de sonar separados y equipo de navegación por satélite, escanearon todo el cuerpo de agua y no encontraron nada.

A pesar de que no se ha encontrado nada comprobable, los avistamientos continúan. Es interesante que cuando ocurre una guerra u otro evento importante en el mundo, parece no haber señal alguna de Nessie; pero no es sino que haya una semana lenta en las noticias y de repente; ¡ahí está! La famosa fotografía mencionada, supuestamente fue tomada durante uno de estos momentos de desinterés, y el fotógrafo confesó que había sido una farsa realizada usando un pequeño modelo.

Sin embargo, no importa la frecuencia con la que la ciencia desenmascara a Nessie, siguen apareciendo creyentes y ocurren otros avistamientos. ¿Cuál es la explicación de este fenómeno? Bien, es claro que *hay* un tipo de monstruo (posiblemente, incluso tiene el cuerpo y la cabeza de dinosaurio) pero creo con todo mi corazón que Nessie es una tulpa que ha sido creada por una creencia, muchos libros y avistamientos supuestos. De alguna manera, es real, porque miles de formas de pensamientos han ayudado a crearla.

El abominable hombre de las nieves

Ahora pasemos al abominable hombre de las nieves, Sasquatch, Pie Grande o yeti: todos estos nombres atribuidos a una criatura enorme, peluda, mitad hombre, mitad animal. Es interesante notar que en varias partes del mundo ha sido llamado con nombres distintos, pero siempre parece ajustarse a la misma descripción. Ha sido visto presuntamente varias veces, incluso hay varias películas famosas, de lo más vagas posibles, que han capturado esta figura simiesca.

Muchos que han proclamado haberlo visto, lo describen de una estatura de 1.80 a 3 metros y de un peso de 220 a 380 kilogramos. No sé que piensen ustedes, pero para mí, una diferencia de más de 1 metro y 130 kilos no es algo muy específico que digamos, con todo y eso no podemos descontar que, al igual que con Nessie, ha habido muchos avistamientos. La diferencia es que Sasquatch parece haber cruzado muchos continentes, mientras que Nessie parece centrarse principalmente cerca y en el lago Ness en Escocia. Pero, al igual que Nessie, la popularidad de Pie Grande sufre altibajos. Cada cierto

número de años nos emocionamos con estos avistamientos y luego, por alguna razón, todo se desvanece en la oscuridad.

Por ejemplo, en 1998 el alpinista estadounidense Craig Calonica informó que mientras descendía de un campamento a una altura elevada del Monte Everest, divisó dos extrañas criaturas que tenían pelaje grueso, brillante y negro. Caminaban sobre sus piernas al igual que los humanos, pero sus brazos eran más largos que los de los humanos y tenían cabezas muy grandes. Craig jura que no se parecían a ningún animal que hubiera visto antes, y que él había visto prácticamente a todos los animales; cree fervientemente que vio dos yetis. Craig estaba acompañado de su cocinero nepalí quien también vio las criaturas.

Los investigadores continúan con su trabajo de campo, y por último, en octubre de 2000 un grupo se convenció de que Sasquatch estaba realmente vivo, 14 de ellos rastrearon la escapadiza bestia por una semana y presuntamente encontraron una huella de un cuerpo cubierto de piel que yacía de lado, tratando de alcanzar una fruta. (No quiero parecer poco científica o necia, pero, ¿cómo sabían que estaba tratando de alcanzar una fruta, incluso con la toma de imágenes térmica que confirmaba que la huella corporal tenía sólo unas horas?)

Ciertamente abundan aquellos que desmitifican a Sasquatch, pero también hay muchos escépticos que se han convertido en creyentes. Jimmy Chilcutt, quien es altamente respetado por los agentes del FBI y por las autoridades estatales y locales de la fuerza pública por su experiencia en huellas digitales, se lanzó a comprobar de una vez por todas que Sasquatch no existía, pero se encontró con unos moldes de huellas de pisadas que derrumbaron su escepticismo.

Chilcutt comparó las huellas digitales de patas y manos de los primates con los moldes de las huellas supuestas de Pie Grande, y descubrió que había tantas diferencias significativas entre ellas, que ahora no descarta la existencia de esta criatura. Sin embargo, no ha llegado a un descubrimiento conclusivo. Según dice: "No tendremos ninguna certeza hasta que no hayamos podido recolectar un espécimen."

Algunos de los informes de los testigos que siguen repitiéndose en la mayoría de los avistamientos tienen que ver con las bromas estrafalarias de Sasquatch, las cuales varían desde desafíos relativamente benignos (como lanzar piedrecillas) hasta más agresivos (como sacudir vehículos, manotear o empujar recintos, arrojar grandes piedras y perseguir a las personas). También ha habido observadores que han reportado con frecuencia gritos estridentes y sobrecogedores, e incluso olores que hacen salir lágrimas de los ojos, de acuerdo con John Bindernagel en su libro *North America's Great Ape: The Sasquatch*.

Tanto desmitificadores como escépticos parecen estar de acuerdo con que Sasquatch es un tipo de oso. También les gusta señalar que la conducta citada anteriormente puede ser atribuida a chimpancés, gorilas y orangutanes, quienes actúan muchas veces de la misma manera. Las historias no cesan, incluyendo algunas farsas (¿por qué la gente desea perpetuar una farsa, en todo caso?).

Se ha escrito mucho más sobre esta criatura que sobre Nessie, pero creo que es comprensible. Al igual que con los gnomos y las hadas, toda cultura parece haber acogido una bestia grande y peluda de la cual nadie ha podido comprobar (o, debo añadir, refutar) su existencia. Desde la Florida con su simio zorrillo (llamado así debido a su olor) hasta Australia, en donde es llamado *yoser,* al *mapinguary,* el Pie Grande de Brasil, todos los lugares parecen tener sus propias leyendas e historias de una bestia tipo Sasquatch.

El leviatán

Según el diccionario, un leviatán es una enorme criatura marina de origen desconocido que según informes, ha sido vista muchas veces por los primeros marinos. La gente asumía que en realidad se trataba de una ballena o de un tiburón muy grande, pero esto no tiene mucho sentido si uno tiene en cuenta que los antiguos marinos solían pasar su vida en el mar, y ciertamente conocerían la diferencia entre una ballena o un tiburón y un leviatán.

Sabemos que los náufragos a menudo se desesperan hasta el punto de consumir agua salada, que los deshidrata y causa alucinaciones y hasta la muerte. (Sin embargo, esto no explica los cientos de hombres sanos y robustos que regresan del mar con cuentos de un monstruo gigante y misterioso.)

El manatí se ajusta a las historias acompañadas por delirios, pues los científicos han determinado que eso es lo que ven los marineros cuando creen ver sirenas. No sé lo que usted piense, pero para mis ojos, un manatí está muy lejos de poseer la belleza y la forma de una mujer con cola, tan lejos como una vaca de un árbol. Habiendo dicho

esto, también puedo comprender que viejos lobos de mar que pasan años o meses sin una compañera, podrían hacer que cualquier cosa pareciera lo que ellos desean ver después de tanto tiempo en soledad.

Las crónicas antiguas de los vikingos también relatan cuentos de criaturas marinas gigantescas. Ahora bien, estoy segura de que muchos de estos cuentos son reales, pero también estoy convencida de que a veces se trataba de calamares monstruosos. Hace poco apareció en las costas de Australia una criatura semejante, así como ha ocurrido en otros continentes. Los científicos han descubierto especímenes de hasta 18 metros de largo, y muchos de nosotros podemos recordar haber visto ilustraciones antiguas de marineros luchando contra gigantescos monstruos marinos con tentáculos.

Creo que no vemos esos calamares porque solamente permanecen en las partes más profundas del océano, los cuales son los únicos lugares en donde pueden encontrar suficiente comida como para sobrevivir debido a su peso y envergadura. Contrariamente a muchas grandes ballenas, que consumen plancton y pequeños crustáceos como dieta principal, el calamar vive de peces y animales marinos, y estoy segura de que si tienen el apetito suficiente, atacarían cualquier cosa o ser vivo para alimentarse.

Como pueden ver, la mente es algo muy poderoso, y tiene la habilidad de concebir un tipo de fuerza vital por sí misma. Esta es la forma como las leyendas, las historias y las creencias sólidas crean tulpas.

Lilith, reina de las hadas
del inframundo

8
El mundo de las hadas

Francine dice que existe un suborden de criaturas que ayudan en lo posible a la Diosa Madre a mantener el mundo en equilibrio tanto como Ella pueda : las hadas. Ahora bien, he llegado a creer muchas cosas, pero créanme, *jamás* creí en las hadas.

Pienso que todo el mundo tiene derecho a creer lo que desee, y también estoy consciente de que casi todos los países del mundo excepto los Estados Unidos parecen creer en elfos, gnomos, seres diminutos, duendes y hadas. (Parece extraño que tantas culturas compartan cuentos de criaturas similares. ¿Por qué todos ellos existen en varias culturas de forma tan parecida?) Por eso he dicho siempre: "A cada cual lo suyo."Ciertamente lo que me ha ayudado en mi escepticismo a través de los años es nunca decir nunca. Supongo que es como dijo Jesús: "Benditos aquellos que creen sin haber visto."

Resulta ser que en 1977 visité Irlanda. Andaba de paseo en un carruaje tirado por caballos en un hermoso parque cerca de los lagos de Killarney cuando vi algo con el rabillo del ojo. ¡Quién lo iba a decir! Era un hada (con alas y todo) tras un arbusto de laurel. Estaba bellamente formada, tenía cabello rubio y usaba un maravilloso vestido azul de tejido delicado. Parpadeé y miré de nuevo; me ignoró por completo, saltando delicadamente de hoja en hoja y de flor en flor. Le grité al conductor: "¡Acabo de ver un hada!"

Me miró como si yo fuera tarada. "Obvio," replicó, "andan por todas partes."

Mi segundo esposo, quien estaba conmigo en esa época, era descendiente de irlandeses y solía burlarse de mi incredulidad respecto a los seres diminutos, las hadas y semejantes; yo siempre le decía que estaba loco. Giré el rostro y vi en su cara la mueca "te lo dije"... y no dudé en darle una cachetada.

Estoy segura que todos recuerdan haber leído hace años el relato de cuando intentaron construir una pista de aterrizaje a lo largo de los círculos de hadas del Aeropuerto Shannon en Irlanda. Todo salió mal durante meses, las máquinas se descomponían o dejaban de funcionar, y los trabajadores se enfermaban y se hacían daño, hasta el punto que desistieron del proyecto y decidieron diseñar una nueva ruta lejos de los círculos... punto en el cual todo progresó sin problemas. Si usted habla de este tema con los vecinos del aeropuerto, ellos simplemente admitirán que uno no debe meterse con los círculos de las hadas.

En la antigüedad, las hadas parecen haber sido malvadas, pero con el paso del tiempo, se han transformado en pequeños seres amables, traviesos y cariñosos. No había nada de malo en el hada que vi; de hecho, si hubiese sido más grande, habría pensado que se trataba de un ángel debido al resplandor blanco dorado que emanaba de ella. Francine me dijo después que en realidad yo había visto a la pobre y calumniada Lilith en carne propia (de quien hablaré luego). Sé lo que vi, incluso ahora haría una prueba con un detector de mentiras porque yo no ando por ahí viendo cosas (a menos que me pidan que contacte a un fantasma o que me tropiece con uno sin intención).

Así es que, por favor, haga como le plazca, tome o deje lo que yo vi. En cuanto a mí, siempre he sentido un cariño especial hacia esta hermosa visión, la cual ha comprobado el viejo adagio: Hay más cosas en el cielo y en la tierra de lo que los humanos podemos imaginar.

Un demonio asustando a unos piadosos.

9
Los demonios

Me gustaría aprovechar la oportunidad para aclarar el misterio de por qué seguimos escuchando hablar de una subcultura (ya sea en historias, mitos o leyendas populares) llamada "demonios."

En otros libros, he hablado de los siete niveles distintos del Más Allá, cada uno de los cuales tiene su nivel ocupacional específico, por decirlo así. Pues bien, también tenemos siete niveles en el plano terrenal: el primero es el nivel en donde existimos en la vida, el segundo es el nivel de las hadas; el tercero es el de los gnomos y elfos; el cuarto es el de criaturas mitológicas tales como unicornios, caballos voladores (como Pegaso), el búfalo blanco sagrado o los Cíclopes; y el quinto, sexto y séptimo son los niveles inferiores donde se dice que existen criaturas horribles.

No es que los niveles inferiores no existan, sino que muchas personas se preocupan tanto por dichas criaturas que se convierten en tulpas, al igual que Pie Grande, Nessie y Sasquatch. Por ejemplo:

- Los antiguos griegos creían en tres tipos de semidiosas vampiresas a saber: la Lamia, la Mormo y la Empusa. La Lamia y la Mormo presuntamente bebían la sangre de los bebés (la Lamia también atacaba a las mujeres embarazadas), mientras que la Empusa seducía sexualmente a los hombres jóvenes y los asesinaba bebiendo su sangre y comiéndose sus órganos internos.

- En India se cree que Pacu Pati (cuyo nombre significa literalmente "cabeza de rebaño") es el líder de todos los espíritus vampirescos, brujos y fantasmas; algunas tradiciones hindúes también lo consideran el dios de la muerte,

Un demonio tentando a una pareja.

LOS DEMONIOS

como Yama en la literatura clásica hindú. En India algunas personas ignorantes consideran a Pacu Pati una fuerza todopoderosa, porque puede tomar posesión de cadáveres y animarlos como si fueran su propio cuerpo, lo cual suena similar a los vampiros y zombis "muertos en vida".

- La palabra *nightmare* (pesadilla en inglés) proviene de la palabra *night* (noche) y de la antigua palabra anglosajona *mare*, considerado un espíritu demoníaco que atacaba a las personas durante sus sueños. En Inglaterra, las personas creían que este espíritu se sentaba en el pecho de las personas y les transmitía tuberculosis (lo cual era una manera de explicar las enfermedades en la Edad Media).

El tema de los demonios siempre ha sido muy controversial y existe desde hace igual o más tiempo que la historia registrada. Parece que cada vez que los humanos no podemos explicar algo, ya sea una erupción volcánica, enfermedades, plagas, hambrunas o actos de la naturaleza, decimos que fue causado por "espíritus malignos." Aparentemente, la única forma de la humanidad de explicar las adversidades que descienden sobre nosotros, es atribuirlas a una entidad maligna o a un Dios lleno de ira que debe ser apaciguado por medio de ofrendas o sacrificios.

Considerando el sufrimiento que los humanos hemos soportado a lo largo de nuestra historia, es comprensible que hayamos inventado nuestra propia mitología para explicar las injusticias de la vida. Por supuesto que creo que existe la maldad en el mundo, pero no creo que esté relacionada con nada de lo que discutiremos en este capítulo. Sin embargo, los seres humanos parecen casi *necesitar* culpar de las locuras del mundo a una fuerza malévola e invisible, en vez de asumir responsabilidad por sus propias vidas.

/segment*67*
/segment

Aquí vemos las explicaciones de algunos demonios comunes:

Lilith

Se cree que Lilith, de quien escuchamos hablar en el Talmud y la Biblia, hacía abortar o volvía estériles a las mujeres y a los hombres impotentes. (Advierta que aunque sea de forma negativa, la parte femenina es quien da y quita la vida.) Su padre era Anu, el dios del cielo, causa primera y creador del universo.

En el *Alfabeto de Ben Sirah,* se dice que Lilith fue la primera mujer de Adán y que fue creada también del polvo. Ella pidió igualdad con Adán, él la rechazó, y presuntamente ella confraternizó con demonios dando a luz a hijos demoníacos. (No sé a usted que le parezca, pero a mí me suena como otra manera de hacer ver a la mujer inferior al hombre.) La leyenda dice que si una persona usa un amuleto protector, Lilith no puede hacerle daño.

De esta creencia y del miedo a la muerte o a la destrucción, nació el amuleto, que es cualquier cosa que aporte buena suerte y protección al que lo usa. Todavía hoy en día usamos amuletos tales como: crucifijos, cristales, rosarios y cosas por el estilo. No creo que el amuleto tenga ningún poder por sí mismo, más bien su potencia proviene de la energía que le damos y de lo que ha simbolizado a través de la historia. Por ejemplo, yo uso una cruz templar (que tiene todos los lados iguales) porque es la cruz gnóstica más antigua que existe y yo le he otorgado energía.

Los arqueólogos han desenterrado incontables amuletos a lo largo de los años; el Museo Británico en Londres exhibe algunos de aquellos que presuntamente protegían a las mujeres contra la infame Lilith. (Francine dice que Lilith no es mala, sino que en realidad gobierna el mundo de las hadas y las categorías inferiores de la tierra.)

Banshees y sirenas

El folclore celta habla de muchos espíritus femeninos tanto buenos *como* malvados. Uno de los más famosos en Irlanda y parte de Escocia es la *banshee* (o *beansidhe*), y se dice que cuando alguien está cercano a su muerte puede escucharse el chillido de la banshee. He estado en las Islas Británicas y he hablado con personas inteligentes y cultas que han escuchado estos gemidos, para descubrir luego que un ser querido había muerto. Esto ocurre con tanta frecuencia que le pregunté a Francine al respecto. Al principio su explicación me pareció difícil de creer, pero tiene más sentido que muchas otras cosas.

Ella me dijo que cuando alguien iba a morir, su psique o alma sabía que su pasaje era inminente. El alma deja escapar un grito psíquico, incluso antes de que la persona muera, y debido a la densidad del aire y del rocío en las Islas Británicas con frecuencia se escuchan estos gritos "silenciosos", los cuales han sido atribuidos a la banshee. (Creo que también podemos hablar aquí de las antiguas sirenas del folclore popular, que supuestamente han seducido marineros hasta conducirlos con engaños a su muerte al estrellarse contra rocas o encalladeros con sus chillidos o con sus canciones. ¿No será esto una advertencia del propio subconsciente de los marinos acerca de las rocas o del pasaje estrecho que yace ante ellos?)

Íncubos y súcubos

Los *Íncubos* y los *súcubos* son demonios masculinos y femeninos, respectivamente, que seducen a personas del sexo opuesto, por lo general durante la noche mientras duermen. Estos mitos en realidad comenzaron en la época de la "Persecución de las brujas," en la que las mujeres eran rutinariamente quemadas en la hoguera.

Los creyentes pensaban que los súcubos se le aparecían a los hombres como mujeres hermosas para seducirlos, y que después de terminar el acto sexual se convertían en feas viejas hechiceras. Entre tanto, el íncubo se disfrazaba de un apuesto hombre que escogía típicamente como presa a una mujer solitaria, y después de tener relaciones sexuales con ella se convertía en una especie de "demonio" o hechicero (brujo). Decían que las acciones de los íncubos y súcubos eran con el fin de enloquecer a sus víctimas.

El invento de los íncubos y súcubos explicaba convenientemente los embarazos indeseados, los hijos nacidos fuera del matrimonio, las deformaciones congénitas y cosas por el estilo. La creencia en ellos también permitía que los inquisidores buscaran lunares o marcas de nacimiento que probarían que las personas habían sido seducidas por estos demonios sobrenaturales. Es casi como si la gente hubiera quedado atrapada por un frenetismo masivo que los sugestionó. Cuando se armaba la debacle, esto le daba a la Iglesia todas las razones del mundo para quemar a estas almas indefensas. Es trágico que este tipo de histeria pululara durante estas épocas.

Gárgolas

Muchas de las gárgolas que uno ve al exterior de las iglesias parecen reproducciones de semidioses. Las gárgolas son criaturas míticas (también llamadas "grotescas") que fueron esculpidas por albañiles como método para canalizar el drenaje del agua de los techos de los edificios. La palabra *gárgola* proviene del francés *gargouille* que significa "garganta" (también usamos las palabras *gárgara* y *gorgoteo* de esa raíz).

Las gárgolas eran un aspecto arquitectónico de las antiguas construcciones romanas, tales como las encontradas en Pompeya, y fueron usadas para alejar la maldad. Por su apariencia, es casi como si quisieran colocar el mal afuera para prevenir su entrada.

Personalmente, siempre me ha parecido demasiado ostentoso colocar
estas supuestas figuras mitológicas en el exterior de un templo.

No creo que sea necesario preocuparnos por mitos que nos han
sido transmitidos por un mundo que no poseía los conocimientos
científicos o la sabiduría necesaria para explicarnos la razón por la
cual ocurren las cosas. En otras palabras, ¿por qué preocuparnos
por un mundo de demonios que no tiene nada mejor que hacer que
perturbarnos y que fue usado para atemorizar a las masas? Repito,
cuando no podemos explicar algo, tenemos la tendencia de darle un
viraje hacia lo negativo... como si no tuviéramos cosas reales de qué
preocuparnos como el SIDA, las guerras, los asesinatos, secuestros
y el clásico germen que siempre parece evadir la ciencia.

La medicina cambia, los mitos se transforman; después de todo, por años la gente vivía con epilepsia creyendo que habían sido poseídos. Y en los primeros días, cuando no se conocían los genes y ni siquiera los gérmenes, todo era atribuido a los "malos humores" que entraban en el cuerpo. Hacían desangrar a los pacientes para sacarles los malos humores y algunos, como George Washington, se desangraron hasta la muerte persiguiendo estos fines. Parece que en esa época los hombres no se escapaban de estar malditos o poseídos por el demonio. (¿Puede usted creer que incluso hoy en día ha habido personas que me han preguntado si están malditas? Simplemente, no desean asumir la responsabilidad por el curso de estudios que escogieron en esta vida con el fin de perfeccionarse para alabar a Dios.)

Ciertamente, los demonios no entran en nuestro cuerpo, pero la energía negativa o una persona tóxica *puede* hacernos sentir enfermos o desgastados. A menudo digo en mis charlas que los gérmenes no nos enferman, pero sí las personas y las situaciones, o sea que cuando no podemos "digerir" la vida, tenemos dolor de vientre; o cuando cargamos demasiado peso sobre nuestra espalda, tenemos dolor de espalda y así por el estilo. Nuestros cuerpos nos hablan literalmente. Siga diciendo que alguien le rompió el corazón y terminará con problemas del corazón; si alguien hace "hervir su sangre," tendrá la presión alta. No quiero que se convierta en un ser demasiado prevenido, pero deje de usar esas frases negativas a las cuales su cuerpo responde.

Para demostrarle lo inteligente que soy (tenga en cuenta que jamás he proclamado usar mis poderes psíquicos para mí misma), no me di cuenta hasta mucho más tarde que mi último esposo me estaba estrangulando con su presión. Después del divorcio, mi doctor encontró un tumor en mi garganta (benigno gracias a Dios) que estaba lesionando mis cuerdas vocales. Como siempre había tenido una voz ronca, al igual que todas las mujeres de mi familia, no estaba preocupada por mi garganta, sino que el doctor encontró la protuberancia durante un examen de rutina. (Yo sabía que Dios, Francine y

mis ángeles me habían guiado para encontrarlo.) Después, le pregunté de improviso qué hubiera ocurrido de no haberlo extirpado. Dijo: "Te hubiera estrangulado poco a poco."

Ahora bien, uno podría llamar "demonios" a las entidades oscuras tales como mi ex-esposo, pero sólo se trata de seres que se han separado de Dios a causa de su vanidad. Nos enloquecen con sus personalidades indiferentes y agresivas, pero están aquí para hacernos aprender lecciones.

En verdad pienso que jamás lo sabremos todo, pero la belleza de la vida aquí y en el Más Allá es seguir buscando a Dios e investigando los misterios del mundo. Como dice Francine: "Si se te ocurre una pregunta, la respuesta estará disponible para ti." Lea y explore entonces y descubrirá claridad y repuestas a sus preguntas.

Persecución de brujas.

10
Brujas y hombres lobo

Muchos historiadores teorizan que las historias de seres vampirescos, demonios, hechiceros y hadas comenzaron en las mitologías de las antiguas Babilonia, Sumeria y Asiria en las cuales, como lo señalo en *Mother God*, es en donde se originó gran parte de la Biblia. Sin embargo, a veces me deja perpleja saber cómo es posible que nos alejemos tanto de la verdad, hasta que recuerdo que cada uno de nosotros lleva sus propias experiencias y percepciones en lo que llamamos la fiesta de la vida.

En los siguientes dos capítulos, sigo explicando las muchas metáforas que la humanidad ha creado con el fin de explicar un mundo que a menudo no tiene el menor sentido.

Brujas

Las brujas han sido mal comprendidas y muchas veces han sido maldecidas a lo largo de los siglos. Tenemos la imagen de una vieja bruja ante un caldero preparando una cocción para destruir a su desdichada víctima, con su "familiar" gato negro, que recibe órdenes del diablo (o la bruja que asume la forma de un gato para enviar mala suerte a cualquiera que se cruce en su camino).

Todo esto son leyendas y supersticiones anticuadas, sin embargo, la mayor parte de la mala reputación de las brujas deriva de los siglos precedentes en los cuales innumerables personas fueron asesinadas en Europa gracias a la Inquisición y en Salem, Massachusetts, lugar de muchos de estos juicios. (No creo que se le haya ocurrido a la Iglesia que si se deshacían de todas las mujeres, no les quedarían muchos miembros.)

Ahora bien, estoy segura que ha habido muchas personas en el mundo que han sido malas y han tratado de conjurar maldiciones por medio de la magia negra, lo cual es peligroso porque todo lo que enviamos se nos devuelve, pero los wicanos o neopaganos siguen una de las religiones más antiguas que existen en la humanidad.

No puedo enfatizar lo suficiente que la ignorancia *no* causa beneplácito, así es que antes de proferir un juicio, remóntense a los principios originales de la religión a la cual pertenecen las brujas. Aunque la religión moderna llamada Wicca fue formada en la década de los cincuenta, tiene sus raíces en la antigua religión panteísta que cree que Dios está contenido en toda la naturaleza; y también está muy relacionada con el principio femenino o la Diosa.

Los wicanos *sí* emplean conjuros, pero los verdaderos practicantes los usan con fines positivos, tales como atraer lluvia durante una sequía, sanar el ganado o lidiar con yerbas y medicinas tradicionales para crear bienestar. La gente no se da cuenta que las afirmaciones son en realidad parte de un tipo de ritual wicano, estas brujas blancas creen que aquello que repetimos nos llega, y que estamos programados para las cosas buenas.

Por supuesto, en cualquier grupo siempre hay algunos que sobre-
salen y hacen quedar mal al resto. (Por ejemplo, la "psíquica de la
televisión" Miss Cleo degradó a todos los que somos verdaderos
psíquicos.) Un wicano que abuse de su poder es por lo general una
entidad oscura que descaradamente le da mal uso a la energía de la
programación positiva.

¿Soy o deseo ser bruja? No, pero admiro la tenacidad de los
brujos para mantener vivas sus creencias. E incluso aunque jamás
he realizado un conjuro ni he sido wicana, he leído y he investigado
lo suficiente de su literatura para saber que el verdadero wicano se
inclina hacia la bondad, la armonía y la protección del planeta.

Cada vez que pienso en brujos, recuerdo a la Abuela Ada cuando
me contaba sobre un hombrecillo parecido a un gnomo que ella
encontraba cuando niña en la Selva Negra de Alemania. Él se
reunía con ella en las áreas de la hacienda de su familia, en donde
la vegetación era más frondosa, para enseñarle sobre las medicinas
y las yerbas que se encontraban en los bosques.

Cuando se enfermaba cualquiera conocido de la Abuela Ada,
acudía a ella en busca de curas y cataplasmas. (Siempre tengo
visiones de ella llevándome a un bosque o a un parque en Kansas
City y recogiendo plantas en su delantal. Me arrepiento muchísimo
de no haberle pedido que me enseñara más de sus conocimientos.)
Ahora bien, ¿se habrá originado su conocimiento en las enseñanzas
de su amiguito de la infancia, de sus propias habilidades psíquicas,
o de su inquebrantable fe en que Dios era responsable de sus dones
curativos? Francamente, nadie sabe ni a nadie le importa, el caso es
que funciona.

No obstante, estoy segura de que si mi abuela hubiera nacido en
épocas anteriores, habría sido quemada como bruja. Por fortuna, era

protegida (¡qué ironía!) por jesuitas y sacerdotes. Ella tenía guardadas muchas cartas del Obispo Sheen, las cuales espero encontrar algún día. Digo esto sin ninguna humildad: ella era una santa moderna. No había nadie a quien no quisiera ayudar, y algún día publicaré las cartas que me escribió, las cuales son invaluables para mí. Ella ha sido mi ejemplo toda mi vida, y el viento que ha soplado mi velero.

Hombres lobo

El término *licántropo*, que es usado para describir el fenómeno de los hombres lobo, se origina de un mito griego en el que Zeus visitó la corte del Rey Licaón disfrazado de viajero. El cruel rey quiso saber si el viajero era un dios o un hombre y planificó asesinar al extranjero. Zeus estaba muy indignado, destruyó su palacio y condenó al Rey Licaón a pasar el resto de su vida como un lobo. Por consiguiente, el término *licantropía* (*lykos* = lobo, y *anthropos* = hombre), describe la transformación de un hombre hasta convertirse en lobo.

Se dice que la leyenda moderna del hombre lobo comenzó en Alemania en 1591 cuando después de una multitud de aparentes ataques, unos pueblerinos arrinconaron con perros a un lobo y el lobo tomó de repente la forma de un hombre de la vecindad. El hombre fue luego acusado de los asesinatos de varios pueblerinos, incluyendo su propio hijo; bajo tortura confesó todos los crímenes y fue ejecutado. El incidente se convirtió en leyenda y rápidamente las historias de la presencia de hombres lobo se extendieron por toda Europa. (Debe recordar que estamos hablando de una época en que las personas en su mayoría eran incultas, y la Iglesia Católica estaba realizando su propia purga con la mortal Inquisición. La clase baja en general era muy supersticiosa y las "persecuciones de brujas" estaban comenzando a entrar en boga, y en consecuencia, muchas personas inocentes fueron torturadas y confesaron crímenes que no cometieron.)

No fue sino hasta 1621, cuando el clérigo erudito Robert Burton publicó *Anatomía de la melancolía*, que las personas comenzaron a ver de forma distinta a los hombres lobo. El señor Burton creía que la licantropía era una forma de locura y culpaba todo desde los demonios a los brujos y a la mala dieta, incluso al mal aire. Esto hizo que la comunidad científica observara el fenómeno de los hombres lobo como una enfermedad mental en vez de una transformación física.

Cuando comencé a escribir este capítulo, mi menté se sintió estimulada por algo que Francine nos había dicho a un grupo más de treinta años atrás. (¡Gracias a Dios logré encontrarlo en los archivos!) Ella dijo que la mayor parte del tiempo, las personas que pensaban que eran hombres lobo estaban en un estado inducido por un tipo de alucinógeno encontrado en el trigo, en el láudano y en la belladona (solano), los cuales eran hace años remedios usados para tratar un variado número de dolencias. La combinación de estas drogas dio origen al mito popular de que el hombre lobo se transforma durante la luna llena y tiene que asesinar en busca de sangre.

En el transcurso de mis investigaciones para este libro, descubrí que estas sustancias, al igual que el pan contaminado con cornezuelo (un tipo de hongo del centeno), puede causar los mismo efectos alucinógenos del LSD. (De hecho, en Francia en 1951, algunas personas que habían consumido este pan contaminado tuvieron horribles visiones en las cuales se sentían atacadas y se veían convirtiéndose en bestias.) Acepto por completo esta explicación en vez de creer que Dios hizo que una de Sus creaciones se convirtiera en algo tan horrible como un hombre lobo. Algunos médicos también me han dicho que algunas personas, si no logran obtener suficiente agua, pueden crear un efecto similar al hombre lobo y en su delirio salir en busca de cualquier líquido... incluso sangre humana.

También descubrí que existe un desorden genético muy raro llamado *porfiria* que da como resultado deficiencia de *hemo*, la porción que contiene el hierro en la hemoglobina, estimulando el crecimiento del vello corporal. Además de incrementar el crecimiento del vello, la porfiria tiene varias manifestaciones en común con el mito del hombre lobo. Las personas que sufren de esta dolencia no pueden tolerar la luz y la carne bajo las uñas se retira, haciendo que las manos luzcan como pezuñas. Además, la piel se descolora y causa el deterioro progresivo de la nariz, las orejas, los párpados y los dedos, acompañado por la formación de llagas. Por lo general, la persona afligida termina con problemas mentales desde una leve histeria hasta el delirio, así como tendencias maníaco depresivas.

Estoy convencida de que el fenómeno del hombre lobo se origina en enfermedades tales como la porfiria, la ingesta en la dieta de granos infestados de cornezuelo y los remedios medicinales que usábamos en esa época. La combinación de efectos alucinógenos de la dieta y la medicina y el desconocimiento (en esa época) de las enfermedades mentales, creó individuos que se presumían ser hombre lobo, y el Oscurantismo contribuyó con sus fantasías por medio de la superstición y la ignorancia.

Solíamos encadenar a las personas con grilletes, ponerlas en los que se llamaban "hoyos de culebras" y tratarlas con horribles descargas eléctricas. Pero en estos días, ¡el único hombre lobo que podríamos llegar a encontrar sería alguien usando un abrigo de piel y que decida aullarle a la luna llena!

II

Vampiros y chupacabras

El personaje de Drácula de Bram Stoker fue basado en una persona real, el Príncipe Vlad Tepes, nacido en 1431 en lo que es ahora Rumania. *Tepes* significa "empalador," y el buen príncipe fue llamado así por su tendencia a clavarle una estaca a sus enemigos, la mayoría de ellos turcos que luchaban por la expansión del Imperio Otomano. También se rumoraba que consumía la carne y bebía la sangre de sus enemigos, muchas veces preparando la mesa para hacerlo mientras sus oponentes eran torturados y asesinados.

Vlad el Empalador se hizo famoso como Drácula (o "Hijo del Dragón") porque era un caballero de la sagrada Orden del Dragón, que era una institución caballeresca conformada para proteger al cristianismo de las influencias paganas. Cabe anotar que el Dragón era un símbolo precristiano para proteger la fortaleza y la sabiduría femeninas que habían sido amenazadas y relegadas por la sociedad patriarcal religiosa cristiana.

Lo interesante aquí es el simbolismo de lo femenino en relación con Drácula, de la misma forma que el hombre lobo parece funcionar según el ciclo de la luna que regula las mareas y el flujo sanguíneo (así como el ciclo menstrual femenino). Muchos individuos afirman que al destruir un vampiro, éste regresa a la *Madre* Tierra el rejuvenecimiento dador de vida de todas las cosas vivas.

El caso es que en 1453, Constantinopla había sido tomada por los turcos musulmanes, que estaban a punto de convertir a todos los cristianos, cuando surgió Drácula y se levantó para defender su tierra natal. Sus súbditos lo amaban porque los había defendido una y otra vez de los turcos cuando habían tratado de penetrar en su territorio. Murió violentamente en 1476, supuestamente en manos de uno de sus propios hombres, de quien se rumoraba era un espía turco.

En la película *Drácula de Bram Stoker* de Francis Ford Coppola, Vlad combate contra los turcos bajo una desventaja abrumadora. Sale victorioso, pero luego queda contrariado ante la noticia de que Elizabeta, su gran amor, se había quitado la vida creyendo que él había muerto. Muchos, incluyendo a Francine, piensan que Drácula y Elizabeta ilustran el cambio político de los últimos vestigios del principio femenino hasta las épocas muy rígidas del patriarcado, el cual debería estar en coordinación con el primero. En cambio, la oscuridad de esa época, que llevó al mismo Drácula a vivir en su propia oscuridad, se convirtió en otro indicador de que necesitamos emoción (lado femenino) e intelecto (lado masculino) en todas las religiones.

En su libro *Vampyric Myths and Christian Symbolism: The Love Story of Bram Stoker's* Dracula, Jeffrey Romanyshyn señala: "El mito de Drácula en particular y de los vampiros en general ha sido lanzado a las sombras por siglos. La máxima fuente de la sombra no es el vampiro, no es la creencia incorrecta de que un vampiro es pura maldad y de que carece de la liviandad del ser, más bien lo es la iglesia cristiana que representó el papel de partera en el nacimiento del vampiro."

Cuando Elizabeta le dice al moribundo Drácula al final de la película que su amor es más fuerte que la muerte, ciertamente nos brinda a todos la esperanza de que el amor, que es finalmente Dios en toda su pureza, puede siempre superar la oscuridad.

⚊⚊⚊⚊⚋⚋◆⚋⚋⚊⚊⚊⚊

Antes de que Bram Stoker escribiera su libro, el mito del vampiro, en una forma u otra, databa de cientos de años en Europa Central y Occidental, en Asia y en América. Muchos piensan que la creencia en estas "criaturas de la noche" comenzó con los murciélagos vampiros, los cuales se alimentan de la sangre del ganado y de otros animales. (Uno se pregunta, casi bromeando, ¿por qué los mosquitos no se asociaron con el mito también, pero es razonable decir que un murciélago es mucho más siniestro y misterioso desde sus oscuras cavernas que un molesto mosquito?) A lo largo de la historia, los vampiros han sido difamados como entidades inmortales, chupadores de sangre que toman la vida de los demás bebiendo su sangre. En cierto aspecto, esto revela nuestro deseo de inmortalidad, pero también viene con un precio a pagar: deambular por la tierra hasta el fin de los tiempos.

Mucho se ha escrito respecto a la simbología del significado más profundo del vampiro y de su origen. Por ejemplo, los vampiros no pueden ver la luz del día lo cual es interesante porque la luz representa simbólicamente la bondad; tampoco pueden cruzar el agua, lo cual dice Francine se deriva del hecho de que el agua se usa con fines de purificación, limpieza e incluso para el bautismo. Aquí vemos otras creencias comunes respecto a los vampiros y su origen:

— El hecho de que los vampiros **no pueden ver su reflejo** data de mi herencia judía (en mi rama paterna). Cuando alguien muere los judíos tradicionalmente cubren todos los espejos de sus casas. Solamente hace poco vine a descubrir por qué hacían esto: se creía que las personas que habían muerto verían su reflejo y no sabrían que estaban muertas; quedando así atrapadas en el espejo, sintiendo que seguían vivas por una eternidad.

— También hemos escuchado que los vampiros le temen al **ajo.** En mis investigaciones no he podido descubrir la razón por la que el ajo se supone que repele a los vampiros, pero descubrí el mito que dice que si uno coloca una rosa bajo el pecho de una persona muerta evita que el alma se quede vagando. Quizá lo opuesto a esto sería colocar ajo, que tiene un olor muy penetrante, sobre los muertos para repeler los vampiros. (Después de todo, cuando yo era niña e iba a la escuela, la Abuela Ada no creía en vampiros y solía colgarme una bolsita de ajo alrededor del cuello para prevenir la difteria. Sobra decir que no tuve la enfermedad, la bolsita olía tan mal que nadie osaba acercarse a mí.)

En su libro, *The Vampire in Europe*, Montague Summers escribió que en la víspera del día de San Jorge en Transilvania, todos los granjeros decoran sus puertas con un manojo de ramilletes de rosas salvajes para mantener alejada la maldad, las brujas y posiblemente los vampiros. Además, se cree que el solano y el acónito fueron usados como "repelentes de vampiros" por sus cualidades venenosas antes de que se conocieran el ajo.

— Se supone que las **estacas de madera** mataban vampiros, así como las balas (de donde también puede ser que haya surgido la idea de matar hombres lobo con balas de plata). En 1885, en un artículo de "Transylvanian Superstitions," Emily Gerard escribió: "...toda persona asesinada por un nosferatu [vampiro] también se convierte en un vampiro después de su muerte, y seguirá chupando la sangre de inocentes hasta que el espíritu haya sido exorcizado, ya sea abriendo la tumba del sospechoso y clavando una estaca por todo su cadáver, o disparando con una pistola directo al ataúd." Las notas de Bram Stoker se refieren a este pasaje, sin duda él incorporó sus ideas en su *Drácula*.

El espino o marzoleto fue considerado por muchos pueblos de Europa Oriental y Central como el mejor material para realizar una estaca y detener un vampiro, debido a que tenía espinas, y los arbustos espinosos (incluyendo la rosa) fueron ampliamente usados para protegerse de los vampiros.

Es imposible cubrir toda la información escrita sobre vampiros en un capítulo, ni siquiera un libro, Anne Rice lo ha comprobado, pero me gustaría aclarar ahora que *no existen* excepto como un intento de la humanidad para explicar la maldad.

Chupacabras

Una de las criaturas misteriosas menos conocidas del mundo es el chupacabras, aunque cada día está llamando más y más la atención. La razón de que esto ocurra es debido a que la bestia mata animales chupándoles toda su sangre, casi como un vampiro.

El chupacabras ataca animales de granja (generalmente cabras, pollos y caballos), perfora su carne (generalmente por el cuello) y extrae la sangre de sus cuerpos, en algunos casos, sustrayendo también sus órganos internos. Uno de los aspectos más interesantes del chupacabras es que queda muy poca sangre cerca de los animales que mata, y excepto por la sangre extraída y algún que otro órgano extraído, el resto del cuerpo de los animales que ataca queda intacto.

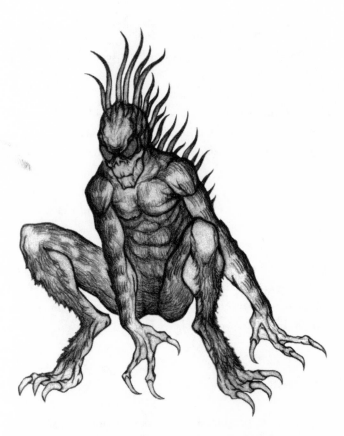

De acuerdo con **www.crystalinks.com**, la criatura ha sido vista en México, el Caribe y Suramérica, así en como en el suroccidente de los Estados Unidos y la Florida. Un artículo de la página de Internet afirma lo siguiente:

Los chupacabras son descritos de una altura de un metro veinte centímetros cuando están erguidos, tienen enormes ojos rojos alargados, piel gris que es en parte peluda y en parte emplumada, brazos cortos con pezuñas, piernas como las de un canguro y una fila de puyas afiladas en medio de su espalda. Se presume que son animales muy poderosos. Algunos informan que tienen alas y pueden volar.

Es fascinante que existan piedras mayas esculpidas en Palenque, México, que representan una criatura muy similar a los dibujos realizados por los testigos oculares del chupacabras. Parece entonces que este misterioso animal ha estado con nosotros durante un tiempo muy largo.

Aparentemente, al mismo tiempo que se ven los chupacabras, también aparecen grandes esferas de color naranja, las cuales han sido relacionadas con OVNIS. Ahora bien, ¿para qué desearían sangre de animales los extraterrestres? Porque parece que no es solamente el hambre lo que los estimula, sino también algún tipo de investigación. Cuando lleguemos al capítulo de la abducción por seres extraterrestres, verá que no todo lo que proviene del espacio exterior está aquí para hacer el bien. Es cierto que ellos son en gran parte como nosotros, pero también tienen que lidiar con sus propios renegados o con dementes. Esta es la razón por la cual los avistamientos de chupacabras parecen disminuir por un tiempo, y luego escuchamos una cantidad desmedida de relatos al respecto, las criaturas deben regresar bajo el control de aquellos que los trajeron aquí.

Estos incidentes por lo general ocupan alguna página interior de los periódicos casi como relleno, al igual que sucede con muchos avistamientos inexplicados. (Incluso sucesos extraños en los cielos parecen ser comunicados de esta manera. Siempre escuchamos que se trataba de "niebla de pantano", "un meteoro", "globos meteorológicos" o alguna otra explicación absurda. Recuerdo en los ochenta en San José, California, cuando se vieron luces extrañas por toda la ciudad las cuales fueron atribuidas a destellos causados por la niebla de los pantanos. (Primero que todo, en San José no hay pantanos; y segundo, ¿por qué nadie investigó de dónde se originaban los destellos?)

Creo que el chupacabras es muy distinto al murciélago vampiro, creo que en realidad es una criatura de otro planeta que fue traída aquí con propósitos científicos y algunas veces se torna frenética.

12
Amigos invisibles de los niños

Durante años, los padres se han preguntado qué hacer respecto a sus hijos y los llamados amigos imaginarios. Los niños llegan a ponerles apodos como BoBo o Beaky; o nombres reales como Tony o Karen. No solamente hablan con ellos, sino que también desean que se les coloque un puesto en la mesa. Incluso mis hijos tuvieron sus amiguitos "imaginarios". Paul tuvo a Timothy y Chris tuvo a Charlie, quienes, de paso, en realidad son sus guías espirituales.

Algunos guías se presentan ante los niños también como niños porque es más fácil para ellos aceptarlos. Sin embargo, los niños también pueden tener "amigos adultos" para hablar y jugar con ellos. Por ejemplo, Francine se me apareció como una mujer. Estoy segura de que lo hizo porque yo carecía por completo de la compañía, el amor y la guía de mi propia madre, y Francine llenó este vacío.

Los ojos de los niños están tan despejados que ven la dimensión de la cual provienen sus guías. No obstante, sus amigos invisibles parecen evaporarse de su realidad; estoy convencida de que la vida los acorrala y los aleja, o padres con buenas intenciones les dicen que tienen una imaginación exagerada. Para estimular a nuestros hijos, debemos animarlos a que nos hablen sobre sus amigos. De hecho, nuestros hijos pueden transmitirnos mensajes psíquicos de sus guías.

Por ejemplo, un pequeño llamado David le dijo a su madre que Marty (su amigo imaginario) le había dicho que su papá (el abuelo de David) iba a regresar al hogar a la casa de Dios. Su madre no le prestó mucha atención hasta el día siguiente cuando se enteró de que su padre había muerto repentinamente de un ataque al corazón. De igual manera, Francine me dijo cuando estuve con mi abuela, que mi abuelo, a quien yo adoraba, se había ido al cielo, incluso me dijo la hora exacta en que ocurrió.

No tiene que comprobarlo, pero en una conversación tranquila y sin presiones, pregúntele a su hijo sobre el tema y demuestre interés. Le apuesto que quedará sorprendido ante la información que escucha. No tema, si escuchamos a nuestros hijos, mejoraremos la comunicación con sus guías y con Dios y sus ángeles. Entonces, tendremos un grupo de personas que crecerán sin sentirse solas, y que comprenderán que Dios nos envía emisarios para guiarnos a lo largo del camino.

13
Extraterrestres

Al igual que muchas otras personas, siento que es ridículo pensar que nuestro pequeño e insignificante planeta, el cual se encuentra al borde exterior de una galaxia de mediano tamaño que contiene miles de millones de planetas y a la vez se encuentra entre miles de otras galaxias que *a su vez* contienen miles de millones de planetas, sea el único que contiene vida. Tiene que haber un tipo de ego, ignorancia, o sencillamente una actitud de "me tiene sin cuidado" detrás de dicha teoría. No estoy condenando a nadie, solamente me parece increíble que Dios no haya creado más vidas a Su imagen para habitar este universo casi infinito en el cual residimos.

"Suponer que la tierra es el único mundo poblado en un espacio infinito es tan absurdo como creer que en un campo entero sembrado de mijo, solamente un grano crecerá."

Metrodorus de Chios,
filósofo del siglo IV antes de Cristo

Se podrían escribir muchos volúmenes sobre el tema de OVNIS y extraterrestres (y obviamente muchos lo han hecho), pero en verdad no es ése mi propósito aquí. Solo estoy tratando de ofrecer una explicación sobre algunos de los misterios del mundo usando el don divino que me ha sido otorgado, haciendo lo mejor posible para respaldar dichas explicaciones con hechos que son conocidos pero no necesariamente comprendidos.

En otras palabras, algunos "hechos" siguen sin poder ser explicados, lo cual conlleva a hacer más misteriosos los misterios. Esto no es nuevo, la ciencia continúa en su búsqueda de la verdad, razón por la cual siempre trata de ir paso a paso. Muchas veces, al tratar de resolver un misterio, la ciencia descubre o revela un nuevo misterio, y así seguimos...

Mis propias experiencias

Me he dedicado por periodos durante los últimos sesenta años a investigar el tema de los extraterrestres, debido a que desde que era niña, mi Abuela Ada me deleitaba con historias de vidas en otros planetas. Estoy segura de que obtuvo mucha de su información de parte de sus guías y de sus propios poderes psíquicos, al igual que lo hago yo en la actualidad.

Es curioso el hecho de que al principio yo no creía demasiado en la reencarnación, pero no me parecía extraño escuchar a la Abuela Ada hablar sobre las visitas que recibía de extraterrestres mientras recogía tomates en el patio de su pequeña casa de la calle Monroe en Kansas City.

El visitante de Abuela Ada

Le pedí a mi abuela tantas veces que me contara esta historia, que seguro deseaba taparme la boca, pero en cada ocasión me la relataba de la misma manera sin añadirle nada. La historia: Abuela Ada estaba un día en su jardín cuando vio una luz cegadora. Era un día soleado, razón por la cual ella pensó que se trataba de un tipo de esfera resplandeciente del tipo de las que se ven con frecuencia en Misuri, o quizá una extravagancia de su vista. Cuando se agachó para recoger otro tomate, la cubrió una sombra. Miró hacia arriba y vio un hombre con ropa plateada, la cual parecía haber sido hecha de tela de paracaídas, pero más peculiar, y además parecía ser de una sola pieza. (Ella era una experta modista, me imagino que la mayoría de las personas no se habrían fijado en estos detalles.)

Ella dijo que él no hablaba, pero sí se comunicaba, no entendí a lo que se refería, y me dijo: "Tú sabes, como hacemos tú y yo, y a veces tu papá y tú." (Ella se refería a la telepatía que las dos compartíamos, de la cual hasta el día de hoy, algunas personas dicen que no es real. Como si fuera poco, a pesar de que mi padre no pertenece a la misma línea genética de la Abuela Ada, compartíamos también una increíble percepción extrasensorial.)

"¡Oh, hablaba con la mente [manera en la cual yo describía la *telepatía* en esa época]," dije. Asintió y me dijo que era la mejor descripción que había escuchado en su vida. Por ese medio, el visitante le preguntó qué estaba haciendo, y ella le explicó que estaba recogiendo tomates. Cuando él le preguntó para qué servían, ella le dijo que eran para comer y le ofreció uno. Él le dio un mordisco, hizo una mueca y lo dejó caer.

Yo estaba interesada en ver cómo lucía la criatura porque mi tío abuelo, quien era psíquico y trabajaba en los antiguos campos Espiritistas en la Florida, era un apasionado de los OVNIS. Todavía poseo su colección de recortes de 1908 a 1911, en la cual ha sido cuidadosamente registrado todo tipo de artículo referente a los OVNIS. Sin embargo, él jamás había visto uno en realidad, por eso creo que aunque mi abuela nunca expuso el secreto, se sentía complacida de que *ella* lo hubiera logrado.

Me dijo que el extraterrestre era alto. (Ahora bien, todos los hombres en mi familia medían más de 1.90 metros, imagino entonces que la Abuela Ada se refería a que era alto según nuestros estándares, posiblemente cerca de los dos metros.) Tenía el cabello oscuro con hermosos ojos negros, pero no se veía distinto al resto del mundo. Lo único poco usual que ella pudo notar era que parecía que tuviera como una película que cubría sus ojos intermitentemente, como un reptil, pero aparte de eso, no se veía grotesco ni extraño en lo absoluto. Dijo que su cabello lucía un poco sintético, pero no estaba segura de eso. Tenía la boca y los dientes normales, pero su nariz era un poco más ancha, como del tipo polinesio. Sin embargo, no tenía la cabeza deformada ni los grandes ojos vidriosos que han sido casi hipnóticamente introducidos en la conciencia de los estadounidenses y el resto del mundo.

Como dijo Abuela Ada después, si los extraterrestres lucieran tan grotescamente distintos, no podrían visitar nuestro planeta sin ser detectados. (Aquí interviene mi guía Francine para decir que está bien creer lo que uno quiera, pero ella y sus guías colegas solamente han visto criaturas que lucen igual a los humanos: algunos más altos y otros más bajos; algunos más claros y otros más oscuros; algunos parecen caucásicos y otros asiáticos; etcétera. ¿No tiene mucho sentido que esa sería la forma en que podrían mezclarse con nosotros? Después de todo, están entre nosotros, incluso entre los políticos.)

Con el paso de los años, cada vez que veo algunos de los extraterrestres de Hollywood (incluyendo la película *E.T.*), he tenido que reírme ante estas extravagancias que ciertamente deberían ser escrutinizadas y comprobadas, o por lo menos, su ADN debería ser examinado por nuestros científicos. Lo que quiero decir, es que está muy claro que lo que la humanidad no comprende, tratamos de envilecerlo o convertirlos en monstruos.

Encuentro cercano en el desierto

Ahora me gustaría relatarles una experiencia que tuvimos mi ex-esposo y yo (y otras seis personas) en Death Valley, California, en la década de los ochenta. Teníamos unos amigos que habían hablado antes con Francine y le habían preguntado cuándo sería el siguiente avistamiento de OVNIS. Sin dudar, ella nos dijo qué noche y en qué área del Death Valley ocurriría. Uno de nuestros amigos rentó un enorme vehículo del tipo casa móvil, todos empacamos y nos preparamos para la cita designada. Llegamos al anochecer, aunque se suponía que teníamos que esperar hasta la medianoche. A pesar del hecho de que todos estábamos muy recelosos, pronto llegó la hora.

Aunque yo hubiera jurado que habíamos estacionado en una carretera plana, cuando salí del vehículo, sentí como si hubiese sido drogada. Todo parecía inclinado, como si me encontrara de repente en una cuesta empinada, y me empecé a sentir muy mareada, hasta la voz de Francine se escuchaba distorsionada y lejana.

Mantuve mi boca cerrada porque sé perfectamente lo sugestionable que pueden ser las personas, pero uno por uno, los vi salir y todos parecían estar pasando por la misma experiencia. Incluso mi esposo exclamó: "No nos estacionamos en una colina, ¿qué diablos está pasando?" Mi querida amiga Tia dijo lo mismo y que también se sentía incoherente y mareada. Entonces Francine vino a decirme que la gravedad había sido perturbada por el OVNI que estaba sobre nosotros.

A pesar de que la luna y las estrellas eran lo único que iluminaba la noche oscura del desierto, de repente vi aparecer la silueta de una figura alta sobre la pequeña colina. Francine dijo que cada uno a la vez debería presentarse ante "él". (Me preguntaba el porqué, pero como me sentía de alguna manera desorientada, no pregunté nada.) Entonces, uno de los hombres de nuestro grupo, a quien llamaré "D" y quien ya ha muerto en la actualidad, deseó ser el primero.

Todos retrocedimos y observamos a D acercarse, mientras lo hacía, nos preguntaba constantemente si ya estaba cerca de la figura. (Aparentemente, nosotros podíamos verla pero D no.) Casi al tiempo le gritamos: —¡Está justo a tu lado derecho! —D replicó: —¡Dios mío, no puedo verlo pero puedo sentirlo! Podíamos verlos el uno muy cerca del otro, y cuando D regresó dijo que se habían comunicado telepáticamente.

Luego fue mi turno y *pude* verlo. Era muy alto y parecía llevar una especie de casco, casi como el de Darth Vader con un visor metálico. Le pregunté: "¿De dónde vienes?"

— No pueden verme en sus telescopios, pero mi planeta, PX41, está más allá de la galaxia de Andrómeda –dijo.

–¿Por qué viniste aquí?

–Para ver lo que ustedes han hecho de este planeta.

–Debes estar muy desilusionado, –repliqué.

–No, lo que más me confunde es ver lo que ustedes se hacen mutuamente.

–¿En dónde esta tu nave?

–Justo encima de ti, –dijo.

No podía ver nada y se lo dije. Dijo: –Tenemos un dispositivo que oculta nuestra nave. Debido a nuestra velocidad y al tipo de blindaje, no somos detectados por sus primitivos radares.

–¿Por qué vinieron a nosotros? –le pregunté.

–Quizá un día tú escribirás que no estamos aquí para hacerle daño a su planeta, sino más bien para observar y ayudar, –respondió.

¡Oh, pensé, un poco escéptica, *ni loca que estuviera, por mucho que ya haya revelado tantas cosas que se salen de la norma, no voy a poner mi firma en este tópico.* No es que no creyera, pero ya había hablado sobre espíritus, había realizado consultas psíquicas, fundado una iglesia... ahora, ¿OVNIS?

Leyó mis pensamientos y dijo: –Lo harás (y lo estoy haciendo).

Cuando regresamos, todos en el grupo teníamos una historia distinta. Cada encuentro había sido profundo y todos nos sentíamos energizados y aliviados al tiempo. Cuando estuvimos de pie al lado del vehículo, advertimos que un rayo enorme había aparecido en el cielo, el cual se desvaneció rápidamente.

Los coyotes que habían estado silenciosos comenzaron entonces un ruido en crescendo que jamás había escuchado antes. Parecían rodearnos, y comprendimos entonces que deberíamos regresar al vehículo. Una vez en su interior, nadie habló durante un tiempo largo, pues todos estábamos ensimismados en nuestros pensamientos. Cuando finalmente salimos de nuestro ensueño, todos sentíamos y veíamos lo mismo pero cada uno había recibido un mensaje distinto. Llamamos al extraterrestre "Señor X," y hasta el día de hoy no estoy segura si alguien más del grupo ha hablado al respecto. Fue una experiencia en extremo profunda, tan real para mí hoy como lo fue entonces.

John

El Señor X no fue el primer extraterrestre que encontré, ese honor le pertenece al que conocí en los años setenta en Palo Alto, California, un suburbio cerca de la Universidad Stanford. Mi hermana y yo cenábamos en un restaurante llamado L'Omelette, al cual nos gustaba ir a la salida del trabajo en la escuela primaria católica St. Albert the Great. Mirábamos el menú cuando un joven nos preguntó si podía unirse a nosotras. Aunque yo estaba casada, mi hermana era soltera y el hombre lucía dulce y tímido, además, había mucha gente a nuestro alrededor, y aceptamos.

Al minuto que se sentó, sonó una alarma en mi interior. No es que sintiera que fuera un violador o un asesino, más bien, no podía percibirlo, lo cual es imposible para mí. No estoy tratando de ser ególatra, pero todo el mundo que se me acerca me ofrece *algo*. Este tipo era como un espacio en blanco.

Francine me dijo: —Él no es de aquí, —y yo sabía que no era un fantasma porque por los fantasmas mínimo tienen una historia. Le pregunté su nombre, hizo una pausa y dijo: —John, —casi como si tuviera que pensarlo.

La televisión encima del bar al fondo del área del restaurante estaba exhibiendo un juego de béisbol y nuestro nuevo amigo estaba fascinado con él. Finalmente preguntó qué estaban haciendo.

Dije: —Se llama béisbol. —Mi hermana me miró como diciendo "¿Estás loca?" y rápidamente le di una patadita bajo la mesa.

—¿Por qué hacen eso? —John se preguntó en voz alta.

Le dije que era un juego, pero él movió su cabeza expresando confusión. Fue entonces cuando noté su cabello, lucía como el de un muñeco, como si se hubiera colocado pieza por pieza. (Recuerde que esto ocurrió en los setenta antes de que fueran comunes las extensiones y los transplantes de cabello.)

—¿Quieres comer algo? —le pregunté después de un momento.

Dijo: —Creo que sí... ¿qué van a comer ustedes?

—Pescado, ensalada y gelatina.

—Yo también, —dijo, pareciendo alegrarse de no tener que tomar una decisión

Mi hermana se quedó callada, mirandome de reojo, pero ella ha estado conmigo toda su vida y confía en lo que hago. También estaba consciente de que yo conocía al dueño del restaurante, y que si estuviéramos en peligro, no tendría ningún problema en acudir a él.

Cuando llegó la comida, fue cuando todo se volvió patéticamente cómico, y hago énfasis en *patético*. John no sabía qué hacer, le mostré el tenedor y se quedó mirándolo. Tomó un pedazo del pescado y preguntó qué era. Le dije que venía del mar, hizo un gesto y puso sin rodeos el tenedor sobre el plato. Tomó agua y parecía fascinado con la sal. Le enseñe cómo ponerla en su mano y la lamió con ferocidad. El colmo fue cuando quiso beber la gelatina.

— John, —dije—, ¿en dónde vives?

—Oh, aquí y allá y en todas partes, —respondió.

—¿Por qué se te ocurrió venir aquí? —pregunté.

—Andaba mirando por aquí, —respondió—. He estado caminando alrededor de la escuela, —asumí que se refería a Stanford.

Mi hermana y yo estábamos listas para irnos, pero yo seguía observándolo y viendo su curiosidad total por todo lo que ocurría y lo rodeaba. Salimos con John detrás de nosotros como si fuera un cachorro, y mi hermana sacó su peine.

Preguntó: —¿Qué es eso?

Eso colmó la copa: —John, puedes confiar en nosotras. ¿De dónde vienes y porqué estás aquí?

Me miró directamente a la cara y dijo: —Algún día todos sabrán quién soy y quiénes *somos*." Luego repitió las palabras del Señor X: —Estamos aquí observando y tratando de ayudar. —Luego me dio su número de teléfono y dijo: —Si necesitas contactarme, llámame y hablaremos más. —Incluso me dio también una dirección. Mientras se alejaba, casi que arrastraba los pies, como si no se sintiera seguro con nuestra fuerza de gravedad. (John Keel, autor de *Las profecías del hombre polilla,* afirma que los extraterrestres tienden a hacer esto.)

Y bien, huelga decir que el número de teléfono era incorrecto y que nadie en esa dirección había escuchado hablar de John. No me sorprendí en lo más mínimo.

Tercera Parte

Objetos inexplicados

Dos vistas de la calavera de cristal ShaNaRa (cortesía de Nick Nocerino).

14
Las calaveras
de cristal

Los arqueólogos parecen discrepar respecto al lugar de origen de las 13 calaveras fabricadas por completo en cristal, que han sido encontradas desde México hasta Perú. Sin embargo, Francine dice que desde su época (año 1500 d.C.), se sabía que las calaveras de cristal pertenecían a las culturas azteca, inca y maya. Esta información concuerda con lo que dice la maravillosa página de Internet **www. world-mysteries.com**, que las calaveras datan de hace 5,000 a 36,000 años.

Incluso los más consumados sopladores de cristal y vidrio no tienen idea de cómo fueron creados estos tesoros ni de cómo sobrevivieron, pero es cierto que se asemejan a las calaveras humanas, y varias de ellas, tal como la famosa Calavera Mitchell-Hedges, poseen una mandíbula retirable. Este famoso artefacto fue presuntamente encontrado en 1924 por F. A. Mitchell-Hedges, quien afirma que su hija Anna lo descubrió. No parece haber prueba de esto; de hecho, el Museo Británico afirma que tiene pruebas de Mitchell-Hedges realizando una oferta por la calavera en una subasta en Sothebys en Londres en 1943, y esto ha sido comprobado.

Hay aquellos que dicen que F. A. Mitchell-Hedges mandó hacer la calavera para financiar varias de sus expediciones. Esta especulación está basada en parte en la nebulosa historia de la calavera y en que, a pesar de que ha sido exhibida más ante el público que muchas de las otras calaveras, Anna Mitchell-Hedges no permite que se realicen más pruebas. Estoy segura que nada de esto tiene importancia: si la calavera fue descubierta en una antigua ruina maya o en un templo en Belice (o si Anna estaba o no en el sitio cuando fue descubierta) no le resta un ápice a la magnificencia del premio.

La Calavera Mitchell-Hedges está hecha de cristal de cuarzo transparente, y tanto el cráneo como la mandíbula provienen del mismo bloque. (Se debate si es una calavera de hombre o de mujer, pero al juzgar por su tamaño, por la altura de sus pómulos y por el aspecto más frágil, yo diría que se trata de una mujer.) A pesar de que la calavera ha pasado por series de exámenes, nadie puede averiguar cómo fue tallada. Fue realizada a contragrano, pero esto desconcierta a los científicos, quienes insisten en que hubiera hecho añicos el cristal. Varias de las calaveras también fueron examinadas en búsqueda de rayones microscópicos y no se ha encontrado uno solo, lo que indicaría que no fueron esculpidas con instrumentos metálicos ni con tecnología moderna.

El restaurador de arte Frank Dorland supervisó las pruebas realizadas a la Calavera Mitchell-Hedges en los laboratorios de Hewlett-Packard en 1970, y su mejor hipótesis en cuanto a cómo fue hecha, según él, es que había sido tallada hoscamente con diamantes, y luego se había usado una solución de silicona, agua y arena para alisarla, se estimó que este proceso habría requerido unos *300 años* para que manos humanas lograran terminarlo.

Francine, mi guía espiritual, me dijo que las calaveras de cristal provenían de un molde muy explícito, hecho de una sustancia parecida a nuestro titanio. El cuarzo se calentó de alguna manera, fue vertido en el molde y después se dejó reposar hasta enfriarse. En ese momento, 15 y no 13 calaveras fueron enviadas a distintas partes de los Andes; debido a la migración y a la guerra, quedaron luego esparcidas por toda América Latina.

Aparte de la Calavera Mitchell-Hedges, se han recuperado otras tales como la Calavera Azteca; la Calavera Amatista; la Calavera de Cristal de París; la Calavera de Tejas, también llamada "Max"; la Calavera ET, llamada así debido a su cráneo puntiagudo y a su exagerada sobremordida, que la hace lucir como la calavera de un extraterrestre (no obstante, los cráneos humanos vienen en todas formas y tamaños, así que no llegué de inmediato a la conclusión de que en realidad se trata de la calavera de un extraterrestre); la Calavera Maya; la Calavera de Cuarzo Rosa, que es más grande y tallada de forma similar a la Calavera Mitchell-Hedges; la Calavera Arco Iris; la Calavera Jesuita; la Calavera de Trozo de Ágata y la Calavera Sha-Na-Ra (de la cual hablaré en un momento). Se han encontrado otras calaveras de cristal, pero se ha determinado que han sido fabricadas recientemente y por lo tanto no clasifican como las antiguas 13 originales.

Curiosamente, la Calavera Azteca ya no se encuentra en exhibición en el Museo del Hombre en Londres, y el personal y los visitantes del museo afirman haberla visto moviéndose sola en el interior de su estuche protector. Francine dice que esto se debe a que el cristal es una energía conductora que se mueve hacia el grado más elevado de emanaciones eléctricas. En otras palabras, las personas con energía cinética (la cual se manifiesta moviendo objetos) serían los objetivos preferidos para mover la calavera. (Más adelante en este libro hablaré sobre la energía cinética.)

Francine dice, que al igual que las piedras de las pirámides de Egipto, todavía no poseemos la tecnología para asimilar el conocimiento que fue colocado en las calaveras de cristal. Puesto que el cristal siempre ha sido conductor (después de todo, los primeros radios se hacían con viejos receptores con un cristal tocando un alambre de metal como rectificadores), se depositó mucha información antigua en las calaveras. Francine también dice que estos artefactos fueron fabricados por sus antepasados, quienes eran muy adeptos a esculpir y a pulir con arena blanca y polvorosa, y aparentemente se trata de símbolos religiosos que datan de miles de años antes de su nacimiento. Estos símbolos le enseñaron dos cosas al pueblo de Francine: (1) La vida es transitoria; y (2) siempre debemos honrar y recordar a los muertos a quienes un día nos uniremos.

Es interesante notar que algunas comunidades mexicanas todavía veneran a sus muertos, celebrando a sus antepasados en el *Día de los Muertos*. Francine también asevera que en los últimos diez años ha habido personas que han tratado de duplicar las calaveras, lo cual ha sembrado dudas sobre las verdaderas 13 calaveras que existen en la actualidad.

También recuerdo que Francine me dijo en una ocasión que todas las pirámides del mundo llevan cristales en sus cúspides debido a que ellos aportan el conocimiento de los antiguos. Incluso hoy en día, usamos cristales porque absorben la negatividad . Una tradición antigua de los indios americanos que ha sido transmitida a lo largo de los años, afirma que cuando perdamos nuestro negativismo y nuestras mentes obtusas, los cristales podrán ser usados como instrumentos para ver la maldad y protegernos de ella, así como para curar a los enfermos. ¿Están tratando de decirnos que los cristales pueden sanar? Sí. ¿Son artefactos telepáticos? Sí.

No hay duda alguna de que las calaveras de cristal (por lo menos las auténticas) tienen poderes o propiedades curativas, pues innumerables personas han sentido sus beneficiosos efectos. Creo que ocurre gracias a que las calaveras generan energía, combinada con electricidad y con la mano de Dios.

De hecho, una de las partes más fascinantes de las investigaciones de las calaveras de cristal es que les ha proporcionado a los psíquicos mucha información exacta respecto a eventos del pasado, como la Atlántida, así como sucesos futuros; no es tan distinto a atisbar el futuro observando el agua o una bola de cristal. Jamás he usado accesorios, pero en este caso se usaría algo que contiene memoria celular igual que nuestros cuerpos, ¿por qué entonces no intentar conectarse con ella?

Recuerdo cuando experimenté por mí misma el poder de una calavera de cristal. A finales de los ochenta, tuve la fortuna de ver una exhibición de artefactos y "tesoros místicos" cuando me encontré con mi antiguo amigo, en quien confío por completo, el gran investigador de lo paranormal, Nick Nocerino. Nick me ha acompañado muchas veces en mis investigaciones sobre sitios encantados; y por esas cosas del destino, él es el dueño de la Calavera Sha-Na-Ra.

El artefacto transparente emitía prismas de luz de un resplandor tal que pedí permiso para tocarlo. Nick me dijo que normalmente no permitía que nadie lo manipulara porque las personas a veces tenían reacciones extrañas cuando lo hacían, algunos días después, algunos seguían informando sobre sueños extraños y una energía que no podían explicar, pero como se trataba de mí...

Sostuve la calavera en mis manos sin esperar absolutamente nada, pero su electricidad me impactó con tal fuerza que quedé casi estupefacta. Y no es que yo no haya lidiado antes con corriente eléctrica (después de todo, los fantasmas la tienen, razón por la cual son capaces de transmitir calor y luz en las cintas infrarrojas). Pero esto era distinto. Era parecido a un efecto dominó, casi como cuando uno se sienta en una de esas sillas de masaje y siente sus pulsaciones a lo largo y ancho del cuerpo.

Jamás olvidaré mi encuentro con la Calavera Sha-Na-Ra, me sentí extremadamente bien después de tocarla; y también estaba increíblemente orgullosa de mi amigo Nick por tener una calavera real y por haber ayudado a encontrar el sitio de la excavación en donde, tanto ésta como la Calavera Arco Iris, fueron descubiertas.

Si tiene la oportunidad, trate de tocar una calavera de cristal. Ya sea antigua o reciente, sentirá su carga eléctrica. Sólo imagínese: si pudiera aprender directamente de las calaveras, en vez de que alguien le hablara de ellas, podría experimentar personalmente esta confianza ascendente en el incremento de la intuición y la sanación.

Nota de Sylvia: Es interesante notar que el descubrimiento de discos de piedra en China en 1938, que presuntamente han sido descodificados, nos indica otra visita extraterrestre de parte de un pueblo conocido como "los Dropas" (que he mencionado en el Capítulo 3). Los Dropas dejaron información en discos de piedra que cuentan su historia. Son similares a las calaveras de cristal en que también se trata de almacenes misteriosos de conocimiento más allá de nuestra civilización actual. De hecho, se han encontrado otras 22 calaveras de cristal (llamadas las calaveras de Beijing) en las cavernas en donde se localizaron estos discos. En total, se han descubierto 716 discos a la fecha, pero debido a la reserva del gobierno chino, no se conoce mucho respecto a estos tesoros.

15
Las piedras de Ica

Justo al norte de la Pampa Colorada en Perú, yace la comunidad de granjeros de Ica, hogar de un médico llamado Javier Cabrera, quien era descendiente directo del fundador español del pueblo. En 1966, un iletrado le dio al doctor Cabrera una piedra para su cumpleaños que tenía grabada la imagen de un pez. El doctor Cabrera advirtió que el pez lucía extraño; después de investigarlo, descubrió que el grabado de la piedra correspondía a un pez que se suponía extinto por miles de años.

El doctor Cabrera le preguntó a su amigo en dónde había encontrado la piedra, pero el granjero le dijo que la había encontrado en una cueva, en la que había más tesoros todavía. El buen doctor le dijo que le compraría todas las piedras que el granjero pudiera encontrar. El granjero ya tenía fama de venderlas a los turistas en la calle, o sea que no tenía ningún problema en obtener más para venderlas a su amigo. El doctor Cabrera terminó con más de once mil piedras en su colección, y se estima que hay más de cien mil en existencia.

Las noticias sobre las piedras y el granjero se propagaron y la BBC realizó un documental sobre el fenómeno. Fue en esa época que el gobierno peruano se involucró, cuestionando con presteza al granjero sobre el origen de las piedras. Le dijeron que iría a prisión por vender las rocas. (Perú posee en verdad leyes estrictas respecto a las antigüedades), por lo cual cambió la historia rápidamente y dijo que no era cierto que había encontrado las piedras en cavernas y a la orilla de los ríos, sino que las había tallado él mismo para venderlas a los turistas.

En razón de que el gobierno peruano deseaba descartar toda controversia, aceptó la historia enmendada del granjero; para ellos, las piedras ya no eran un asunto de preocupación. Además, la BBC fue profundamente criticada por sacar al aire una historia que era una patraña evidente, por lo cual intentaron rápidamente meter todo bajo la alfombra. Y bajo la alfombra se habría quedado, si no hubiera sido por el doctor Cabrera.

Una pequeña piedra que fue entregada como un regalo, se convirtió en la pasión de su vida, y comprendió que su amigo granjero había cambiado el relato para evitar ir a la cárcel. Pero lo que también intrigaba al doctor Cabrera era que las piedras que él había coleccionado representaban imágenes e historias tan fascinantes que él sabía que un granjero analfabeto no podría conocer ni imaginar.

El doctor Cabrera dedicó entonces unos treinta años de su vida a investigar y examinar el origen y el contenido de las piedras, e intentó desesperadamente que la comunidad científica se uniera a sus pesquisas. Sin embargo, se encontró con mucha resistencia; el "estigma de la patraña" relacionado con las piedras las convertía casi en un anatema en lo que concernía a estudios científicos serios.

A pesar de todo, el doctor Cabrera no se rendía, incluso abrió un museo para que la gente pudiera ver su colección. Se convirtió en un ávido arqueólogo y geólogo aficionado, además de ocuparse de sus deberes como médico, y sacó a relucir información y teorías sorprendentes respecto a estas piedras enigmáticas (algunas de las

© 2004 David Hanson, de su página de Internet
http://members.cox.net/icastones/

cuales exploraremos un poco más adelante). Por ahora, echemos una
mirada a las piedras mismas y a lo que éstas representan.

Las piedras de Ica están fabricadas de una roca de un río local
que es una forma de andesita, un duro mineral volcánico entre grisáceo y negro, y están cubiertas de una capa de óxido natural (o barniz)
que confirma que son bastante antiguas. Laboratorios alemanes
han autenticado los grabados en las piedras como verdaderamente
antiguos, y dicen que tienen en su superficie pátina de óxido. (Es
muy conocido el hecho de que los locales en verdad graban rocas
para venderlas a los turistas del área, pero las incisiones en las recién
grabadas no tiene la pátina de óxido que tienen las piedras de Ica

"reales".) Varían de tamaño, desde aquellas que caben en la palma de la mano hasta tan grandes como dos pelotas de baloncesto, y todas las piedras tienen imágenes o dibujos esbozados, y ahí es donde comienza la controversia.

La colección del doctor Cabrera está categorizada por temas que incluyen humanos, animales antiguos, continentes perdidos y conocimientos sobre catástrofes globales. Sus historias representan dibujos de nativos adornados con coronas y túnicas realizando procedimientos médicos en pacientes: hay imágenes de trasplantes de cerebros; trasplantes de corazón; cirugía del corazón, en donde se ven las venas y las arterias siendo reconectadas por medio de tubos de reabsorción (que utiliza la regeneración natural de las células); cesáreas usando acupuntura como anestesia; cirugía de trasplantes, empleando procedimientos que hasta ahora empiezan a ser usados por la medicina moderna; equipos de mantenimiento artificial de la vida, usando energía que parece ser transmitida por los mismos cirujanos y trabajo con códigos genéticos.

Hay otras imágenes de mapas que muestran la Tierra desde una vista aérea, con varias masas de tierra desconocidas y una configuración de continentes totalmente distinta. Cuando los científicos compararon estos mapas con simulación de computadoras, encontraron que eran bastante exactos a como nuestro planeta habría lucido hace 13 millones de años. (Estos mapas también muestran con claridad los continentes de Atlántida y Lemuria.)

Hay otros dibujos de hombres usando telescopios para observar planetas, cometas y sistemas estelares, y varias piedras ilustran a hombres cabalgando sobre dinosaurios, ¡tanto por tierra como por aire! El arte en las rocas es increíblemente exacto desde casi todos los aspectos. Por ejemplo, los dinosaurios representados son como los que se creen existieron; las imágenes médicas son exactas y poseen detalles sorprendentes y las estrellas y los planetas están en sus posiciones correctas.

¿Quiénes labraron estas piedras? ¿De dónde vienen? La historia del granjero de que las había encontrado en una cueva que había sido descubierta a raíz de inundaciones en la zona, ahora parece verosímil, pero, ¿en dónde están escondidas las demás piedras y por qué razón?

Después de estudiar las piedras de Ica durante años y de consultar con varios geólogos y científicos, el doctor Cabrera tenía sus teorías. Postuló que una civilización muy antigua, originada en un sistema estelar en las Pléyades, aterrizó en la Tierra y trató de colonizarla. También asevera que en esa época, el planeta era totalmente distinto al planeta en el cual ahora residimos. Consistía en una masa de un 80% de tierra con muy poca agua, y debido a las condiciones planetarias, la atmósfera se había calentado considerablemente. Por lo tanto, teorizaba, que esa antigua civilización intentó manipular los ciclos biológicos de la naturaleza para corregir la situación, pero las correcciones procuradas causaron masivos movimientos tectónicos, grandes inundaciones y el movimiento de los continentes (en otras palabras, eventos catastróficos que cambiaron las masas de tierra del planeta). Ante la inminente inestabilidad de la Tierra, la civilización antigua se preparó para su partida hacia su planeta de origen en las Pléyades. (Una piedra grande de la colección de Cabrera muestra que los hemisferios de ese planeta contienen vida inteligente y que son capaces de viajar en el espacio.)

El doctor Cabrera también cree que la Pampa Colorada era su "puerto espacial," por llamarlo de alguna manera, y que estos visitantes usaban un tipo de energía electromagnética para impulsar sus naves; de hecho, varios bosquejos en su colección muestran naves suspendidas en un cojín electromagnético cuyo campo es controlado tanto por la superficie del planeta mismo como por la aeronave. Puesto que la Pampa Colorada contiene grandes depósitos de mineral de hierro, él conjetura que esta área tiene un campo electromagnético de una fuerza extraordinaria.

Muchas personas que conocieron al doctor Cabrera estaban convencidas de su sinceridad y honestidad, era considerado un individuo amable y dedicado que sentía pasión por las piedras de

Ica y por descifrarlas. También se rumoró durante muchos años que poseía una cámara secreta de piedras en su museo que jamás dejaba ver al público. Estas piedras especiales contenían un "mensaje para la humanidad" que el doctor Cabrera insistía en que dejaría saber un día cuando estuviéramos listos.

Francine dice que su pueblo sabía de la existencia de estas piedras desde el comienzo de los años 1500 y que eran consideradas sagradas. Ella prosigue diciendo que las piedras son en verdad un registro dejado por los extraterrestres que habitaron el área hace millones de años y cuyo efecto también se extendía a la Pampa Colorada y a las áreas circundantes. También tuvieron gran impacto en las culturas tempranas, no solamente en Perú, sino en Atlántida y Lemuria, lo cual influyó en otras civilizaciones posteriores altamente avanzadas tales como los egipcios. Francine también me dijo que en unos quince años, los humanos lograrán obtener conocimientos de estas piedras y de la información en ellas contenida, lo cual, dice, funciona como bases de datos de computadoras.

El doctor Cabrera fue discriminado a causa de sus teorías y de su fascinación por las piedras de Ica. No obstante, perseveró a pesar del criticismo y de la acometida de los escépticos durante casi toda su vida, hasta que llegó su muerte a causa de un cáncer en diciembre de 2001. A los incrédulos que señalaban que el granjero había admitido haber esculpido las piedras él mismo, el doctor Cabrera les decía que si ese hubiera sido el caso, su amigo no solamente habría tenido que poseer conocimientos respecto a avanzadas técnicas médicas, sino, además, sobre las estrellas, los planetas, las naves espaciales, dinosaurios y muchos otros temas..., además de haber podido esculpir una piedra al día, siete días a la semana, le hubiera tomado más de 40 años hacerlo, todo lo cual parecía muy poco probable para un granjero iletrado.

Los escépticos no pueden explicar cómo el granjero habría podido esculpir más de quince mil piedras (a menos que digan que lo ayudaron), tampoco pueden justificar la razón por la cual un trabajador

ignorante se tomaría la molestia de hacer todo eso sólo para venderle rocas a los turistas. Los cínicos tampoco pueden responder por todos esos mapas de origen antiguo, que muestran cómo lucía la Tierra en los primeros días tal como quedó confirmado por geólogos usando simulación con computadoras. En otras palabras, las piedras de Ica siguen siendo un misterio que nadie puede explicar con pruebas irrefutables, y es la razón por la que siguen siendo un misterio.

Fotografía del Mapa Piri Reis cortesía de © Adventures Unlimited Press,
Mapas de los antiguos Reyes del Mar
por Charles Hapgood.

16

Mapas e instrumentos sobrenaturales

Parece que cuanto más investigamos los misterios de este planeta, más descubrimos una inteligencia que va más allá de todo lo que conocemos; un punto central parece dirigirnos más allá de la Tierra hacia otro grupo de entidades que participaron en la planificación de nuestro progreso. Los tres ejemplos en este capítulo así lo ilustran.

El mapa Piri Reis

Mientras realizaba mis investigaciones para este libro, me encontré con un artículo interesante en **www.worldmysteries.com** que relata:

En 1929, un grupo de historiadores encontró un mapa fascinante dibujado sobre piel de gacela. Las investigaciones demostraron que se trataba de un documento genuino dibujado en 1513 por Piri Reis, un famoso almirante de la flota marina turca del siglo XVI. Su pasión era la cartografía. Su alto rango en la marina turca le otorgaba tener un acceso privilegiado a la Biblioteca Imperial de Constantinopla. El almirante turco admite en una serie de notas sobre el mapa, que recopiló y copió datos de un gran número de mapas originales, algunos de los cuales se remontaban al siglo IV antes de Cristo e incluso anteriores a esta fecha.

Resultó ser que esta antigua carta geográfica llamada "el mapa Piri Reis" por los científicos que la han estudiado, levantó grandes controversias. El misterio deriva de lo que el mapa contiene en particular el litoral norte de la Antártica en detalle, así como la costa occidental de África y la costa oriental de Suramérica. ¿Cómo es posible que se haya podido dibujar con tantos detalles y tal *exactitud* el litoral de Antártica 300 años antes de su descubrimiento? Y quizá todavía más enigmático: ¿cómo es posible que el mapa muestre el litoral de Antártica bajo hielo? (Piense por un momento: el mapa es tan exacto que los científicos modernos podrían usarlo ¡para actualizar sus propias cartas geográficas!)

Muchos científicos dicen que la fecha más antigua en que el continente de Antártica no estaba cubierto de hielo fue 4000 A.C., mientras que otros dicen que fue incluso mucho antes (un millón de años aproximadamente). Combine esto con el hecho de que los científicos dicen que las civilizaciones más tempranas aparecieron entre 3000 y 4000 A.C., y que estos individuos definitivamente no poseían la tecnología de realizar un mapa con tal precisión, y obtendrá un misterio que no puede ser explicado. Examinemos todo de cerca.

En el prefacio de su libro *Mapas de los antiguos Reyes del Mar* (Adventures Unlimited Press, 1997), Charles H. Hapgood afirma:

> En un aspecto, las antiguas cartas geográficas marinas parecen desplegar información exacta que ha sido transmitida de generación en generación. Parece que los mapas fueron originados por un pueblo desconocido; que fueron legados, quizá por los minoicos (los Reyes Marinos de la antigua Creta) y los fenicios, quienes fueron durante mil años ó más los grandes navegantes del mundo antiguo. Tenemos evidencia de que los mapas fueron recopilados y estudiados en la gran biblioteca de Alejandría [Egipto] y sus compilaciones fueron realizadas por los geógrafos que trabajaban en ella.

El profesor Hapgood le pidió a la Fuerza Aérea de los Estados Unidos que evaluara el mapa Piri Reis y ésta fue su respuesta:

Julio 6 de 1960
Asunto: Mapa del almirante Piri Reis
Dirigido a: Profesor Charles H. Hapgood
Keene College
Keene, New Hampshire

Estimado profesor Hapgood:

Su solicitud de evaluar ciertas características inusuales del mapa Piri Reis que data de 1513 por esta organización ha sido revisada.

El argumento de que la parte inferior del mapa representa la Costa Princesa Martha de la Tierra de la Reina Maud, Antártica, y la Península Palmer, es razonable. Encontramos que es la interpretación más lógica y en toda probabilidad la más correcta.

Los detalles geográficos desplegados en la parte inferior del mapa, concuerdan de manera notable con los resultados del perfil sísmico a lo largo de la superficie de la capa de hielo realizada por la Expedición sueco-británica a la Antártica en 1949.

Esto indica que el litoral fue delineado antes de que estuviera cubierto por la capa de hielo. La capa de hielo de esta región tiene ahora aproximadamente un kilómetro y medio de espesor.

No tenemos idea de cómo los datos de este mapa pueden compaginar con el presunto estado de los conocimientos geográficos de 1513.

Harold Z. Ohlmeyer, Teniente Coronel, Comandante de la Fuerza Aérea de los Estados Unidos

Hapgood postula que Piri Reis adquirió posiblemente algunas de las antiguas cartas geográficas que fueron copiadas o transferidas a la biblioteca de Constantinopla y las usó entonces para dibujar su mapa. Pero, ¿de dónde provienen las cartas originales? Hapgood y otros presumen que fueron realizadas por una civilización altamente avanzada, usando tecnología que era muy superior a la dominada por la humanidad hasta la última mitad del siglo XVIII (pues la trigonometría esferoide no fue comprendida hasta entonces).

En 1953, un oficial de la marina turca envió el mapa Piri Reis para que fuera estudiado por la Agencia Hidrográfica de la Marina de los Estados Unidos, la cual solicitó ayuda de Arlington H. Mallery, una autoridad en mapas antiguos. Después de un considerable estudio, Mallery encontró que la única razón para que el mapa Piri Reis fuera tan exacto sería que hubiera sido realizado por medio del escrutinio aéreo (le apuesto a que usted jamás pensó que me las iba a arreglar para conectar esto con los OVNIS, ¿verdad?). Ahora bien, ¿quién tenía la capacidad de realizar un escrutinio aéreo hace 6,000 años?

Francine, así como mi propia habilidad como psíquica, me dicen que el mapa fue trazado hace unos *12,000* años por extraterrestres de la galaxia Andrómeda, quienes se lo entregaron a los atlantes. A partir de ahí, terminó en la biblioteca de Alejandría, y se transfirieron algunas reproducciones antes del incendio.

Pero hay otra sorpresa: el mapa Piri Reis no es el único que ha usado estos esquemas antiguos extraterrestres; más bien parece que todo tipo de cartas geográficas con una extraña precisión se realizaron sobre la tierra en una época muy antigua. Por ejemplo, se han descubierto mapas del siglo XIV que muestran Groenlandia bajo su gruesa capa de hielo; otros, muestran una franja de tierra que une Alaska con Siberia, la cual ha estado cubierta de agua desde el final del periodo glacial, y se encontró un documento cartográfico copiado de una fuente más antigua y grabado en una columna de piedra en China que data de 1137 D.C.

Todos estos documentos ostentan una precisión que no podría haber sido realizada en el momento en que fueron trazados, puesto que todo parece indicar que se usó la trigonometría esferoide. Los eruditos piensan ahora que en una época se trazó un mapa antiguo de toda la Tierra y que todos estos otros mapas son solamente segmentos de esa cartografía extraterrestre.

Las líneas de Nazca

En Perú se encuentra la Pampa Colorada, la cual es hogar de otro misterio (aparte de las piedras de Ica, de que hablamos en el último capítulo). En esta desértica región hay más de 300 líneas y figuras, incluyendo algunas formas de plantas y animales. Fueron hechas retirando las rocas de la planicie y exponiendo la tierra ligeramente colorada que yacía bajo las rocas. Fueron creadas con obvio esmero, pero lo sorprendente es que ¡las imágenes solamente se pueden distinguir desde el aire!

Los científicos dicen que un antiguo pueblo llamado *Nazca* construyó estas líneas, pero nadie sabe por qué o cómo lo hicieron con tanta precisión. Hay líneas rectas trazadas por kilómetros, atravesando las planicies, en forma de pájaros, triángulos, espirales, rectángulos, líneas onduladas y más. Esta enorme colección de marcas cubre cientos de acres y algunas líneas, incluso parecen haber sido usadas para viajar como si hubieran sido "caminos" recorridos

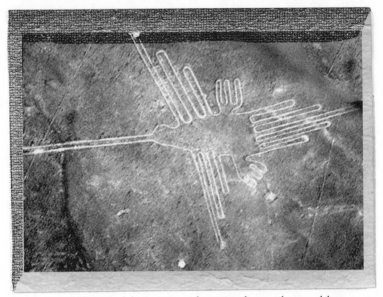

Fotografía área del pictograma de Nazca ilustrando un colibrí.

por grandes grupos de personas. Los investigadores se preguntan si se trata de dioses antiguos, patrones de constelación, cursos de las estrellas o hasta un mapa gigantesco. Algunos especulan que una de las figuras, una araña gigante, en realidad representa la constelación de Orión.

La civilización Nazca es anterior a la Inca y, sin embargo, las líneas son un pictograma complicado y multilateral. Francine dice que no son antojadizas, sino que están trazadas de la misma forma que un artista gráfico la crearía en una pantalla de computadora. Ella dice que las líneas y las configuraciones geométricas se parecen mucho a los círculos de las cosechas (de los que hablaremos un poco después): mapas de rutas astrológicas de la estrella o galaxia de donde vinieron estos visitantes.

A lo largo de la costa del Pacífico hay un tridente o candelabro gigantesco señalando hacia la Pampa Colorada; mucho más al sur hay una montaña llamada Sierra Pintada, la cual también está cubierta con estos pictogramas. Estos sitios no eran solamente directrices, también fueron hechos para demostrar que hay un ser supremo, una fuerza real creadora que supervisa todo en este planeta, el cual proviene de otros sistemas estelares. Además, a unos 1300 kilómetros al sur de la Pampa Colorada se encuentra un pictograma de la figura humana más grande del mundo, vestida en lo que parece un traje espacial. Llamada "el Gigante de Atacama," mide 118 metros de altura y tiene líneas similares a las líneas de Nazca de los alrededores. El Gigante es una representación del supuesto comandante de esta misión en la Tierra... como cuando dejamos nuestras huellas y nuestra bandera en la luna.

También han sido descubiertas historias ilustrativas en dibujos en cavernas alrededor del mundo. Otros dibujos, tales como los que se encuentran en las antiguas tumbas de Egipto, muestran la vida diaria en ese periodo. Ya hubiera sido en batallas o cultivando las tierras, nuestros antepasados astronautas deseaban dejarnos un registro de lo que era su vida. No creo que sea muy distinto a enterrar una cápsula del tiempo para que la descubran las generaciones futuras. Al igual que los incas y los mayas, especialmente los egipcios, nuestros vecinos del espacio nos dejaron un libro de figuras, del que todavía seguimos discutiendo su veracidad, a pesar de que es de una simpleza evidente.

Tenemos pirámides, círculos de cosechas, líneas de Nazca, antiguos textos en sánscrito que nos hablan de máquinas voladoras y de armas devastadoras, el incidente Roswell, el Área 51, miles de fotos,

historias de abducciones por OVNIS, el mapa Piri Reis y una plétora
de otros artefactos, esculturas y descubrimientos arqueológicos que
son demasiado numerosos para mencionarlos ; no creo que necesitamos muchas más pruebas para convencernos de que no estamos solos.
¿Por qué es tan "místico" creer que recibimos ayuda de residentes de
otros planetas que nos ayudaron a comenzar y siguen regresando para
supervisarnos?

El mecanismo de Anticitera

En 1900 unos buzos griegos encontraron una nave que había
naufragado cerca de la isla de Anticitera a una profundidad de unos
45 metros. Recuperaron estatuas, cerámica y joyas, pero el mayor
descubrimiento resultó ser unos bultos verdes con un mecanismo
de engranajes en su interior. El "mecanismo de Anticitera," como
lo llaman los científicos, fue encontrado en una nave que data de
alrededor del año 87 a.C. Esto hace que el mecanismo de Anticitera
tenga una edad de por lo menos dos mil años, pero incluso más
sorprendente es que a la fecha, es el mecanismo más complejo antiguo
que se haya encontrado jamás.

Al principio, el mecanismo parecía ser una máquina parecida a
un reloj, pero después de exámenes más profundos, se encontró que
contenía por lo menos veinte engranajes distintos que interactúan
mutuamente de tal manera que podían calcular el movimiento de los
planetas, del sol y de la luna. Derek Price, el difunto historiador de
ciencia de la Universidad de Yale, fue uno de los primeros en estudiar
el aparato a cabalidad, y concluyó que nada como este instrumento
había sido preservado en ningún lugar del planeta; de hecho, nada
comparable ha sido aludido en ningún texto científico u obra escrita
antigua. Price llegó a decir que según lo que se conoce de la ciencia
en el Periodo Helenístico, el aparato ni siquiera debería existir.

Gran parte del material escrito que hemos descubierto desde los
antiguos griegos ha demostrado que tenían gran experiencia como

filósofos y eran genios en las matemáticas, pero incluso los aparatos mecánicos más complejos descritos por los antiguos escritores griegos, como Hero de Alejandría y Vitruviu, contenían solamente engranajes básicos. Los griegos usaban ese conocimiento sobre los engranajes para proyectos relativamente sencillos como molinos conducidos por agua o taxímetros (los cuales medían la distancia que viajaba un carruaje, muy similar a nuestros cuentakilómetros modernos). Hasta que el mecanismo de Anticitera no fuera descubierto, no se había llegado a saber que en realidad los griegos conocían y usaban una tecnología de engranajes más compleja. De acuerdo con muchos informes, el mecanismo tenía muchos diales y por lo menos veinte engranajes, e instrucciones en griego encontradas inscritas en su caja, que explicaban el funcionamiento del instrumento. Hay numerosas inscripciones en los engranajes, algunas de las cuales están numeradas para indicar en dónde están localizados los engranajes, así como la manera de reconstruir el mecanismo.

Al limpiar el instrumento, los científicos fueron capaces de darle una mirada más cercana a las piezas y a la forma en que fueron ensambladas, y comprendieron que el aparato era mucho más complejo de lo que habían pensado. Derek Price había concluido en sus estudios que el mecanismo de Anticitera había sido usado para predecir la posición del sol y de la luna en una fecha dada, nuevos estudios científicos concluyeron que estaba en lo cierto, pero su explicación no había llegado lo suficientemente lejos.

Evidentemente, un aparejo de fuerza tal como un eje o un manubrio de torniquete se conecta a una corona dentada que controla las funciones de los demás engranajes del mecanismo, invirtiéndolos cuando es necesario para obtener los cálculos deseados. Los diales en el exterior del encapsulado representan el zodíaco; el sol y la luna y los cinco planetas: Mercurio, Venus, Marte, Saturno y Júpiter. Básicamente era una computadora de calendario astronómico. Los engranajes giraban cada año para indicar las diferentes posiciones de los planetas, la luna y el sol en los meses y los días del año. Los

griegos posiblemente usaron este aparato para la navegación, los fes-
tivales, las épocas de cultivos o como puro conocimiento científico,
y fue el precursor de los relojes de la actualidad.

El señor McBride, uno de mis colegas profesores, gustaba decir:
"Chicas, no hay nada nuevo bajo el sol"... y cuanto más investigo, más
compruebo la veracidad de esa frase. Existen incluso datos históricos
preservados en Oxford que demuestran que hay una computadora
islámica de calendario por engranaje del siglo XIII que predice los
ciclos del sol y de la luna; sin embargo, nada parece ser tan sofisticado
como el mecanismo de Anticitera. Creo que esto se debe a que el
aparato también es un producto de los extraterrestres de Andrómeda.
Los seres humanos simplemente no teníamos los recursos ni los
medios para crear todos los engranajes necesarios, para decirnos en
dónde estaban los planetas. Pero una inteligencia superior que no
fuera de este mundo si podía, y lo hizo.

17
Las pirámides y la Esfinge

Fui a Egipto unas diez veces con mi ex-esposo, pero muchos de estos viajes también fueron con cientos de personas que pueden validar lo que dije allá (y lo que diré aquí).

Sin embargo, antes de seguir, me gustaría contarles una historia de algo que ocurrió hace unos treinta años. Es más importante de lo que cualquiera podría pensar porque lo que surgió de este episodio en especial me colocó en un sendero, la extensión de cuyos efectos, incluso yo como psíquica, no hubiera podido imaginar.

En esa época yo daba consultas psíquicas para la gente, pero también practicaba la terapia por medio de hipnotismo en los clientes con adicciones. (Estudié con el doctor Royal en la Universidad de Kansas City y también tomé cursos de hipnotismo con Gil Boynes, un notable instructor). Me encontraba en mi pequeña oficina en Campbell, California, cuando llegó un cliente para ser hipnotizado con el fin de bajar de peso. Comencé mi terapia cuando de repente, mi paciente dio un "vuelco", lo que bajo hipnosis significa que él haría lo que deseara e iría donde quisiera. Fui paciente y pensé: *Lo escucharé y luego lo traeré de regreso al programa de reducción de peso.*

Mi cliente comenzó a hablar con una voz extraña en un dialecto que sonaba muy raro. Le dije: "Por favor, habla en inglés, no entiendo lo que dices." Así lo hizo, pero al comienzo, yo seguía sin saber de qué estaba hablando. Dijo cosas como: "Son tan tontos; no saben cómo hicimos para que esas rocas enormes se ajusten en perfecta simetría una encima de la otra."

Finalmente le pregunté: "¿En dónde estás?" y contestó casi molesto: "En Egipto."

¡Oh, maravilloso! pensé. Abuela Ada, quien era una psíquica a cabalidad, creía en las vidas pasadas, pero en esa época yo permanecía ambivalente al respecto. Creía que era muy probable que hubiéramos vivido antes, pero mi fuerte era el aquí y el ahora. Sin embargo, quedé intrigada, y le pregunté a mi cliente si podía observar lo que ocurría y cómo ocurría.

Me respondió de inmediato: "Usábamos varas antigravitatorias de las grandes naves espaciales, las cuales luego partían, y en segundos teníamos una piedra colocada encima de la otra." También repetía que las piedras contenían sellos de conocimiento, como en una biblioteca.

Cuando traje a mi cliente de regreso de su estado hipnótico, le pregunté si podía guardar la cinta de audio de su sesión durante una semana (algo que nunca hago) y me dijo: "Claro que sí." Al día siguiente llevé la cinta a un profesor de lingüística antigua en la Universidad de Stanford. Cuando se la dejé, pensé: *¡Ay, pues, qué importa, ya me han llamado loca otras veces!*

Al día siguiente, recibí una llamada de un tal doctor Schmidt quien me preguntó: "¿De dónde sacó esto?" Cuando se lo dije, replicó: "Le puedo asegurar que este hombre está hablando un dialecto muy antiguo." Se me erizó la piel de la nuca. ¿Cómo era posible que mi cliente, un joven obrero de construcción rubio de ojos azules, que sólo deseaba perder peso, pudiera conocer un dialecto antiguo? Nada en sus genes ni en su vida podían haberle proporcionado ese conocimiento.

Después de ese episodio, cada vez que alguien se vuelca y se va a una vida en Egipto, le preguntó si sabe algo acerca de las pirámides. Sin falta, todos dicen la misma historia: que estos objetos cilíndricos usaban una vara para colocar las piedras en su lugar. Llegué a convencerme de que por lo menos hay un grado de verdad cuando tantas personas de distintas culturas, épocas y géneros comienzan a decir lo mismo.

Todo esto, por supuesto, me llevó al sendero de las regresiones a vidas pasadas, las cuales describo en mi libro *Recupera tu pasado, sana tu futuro*. Me convertí en una verdadera creyente en las vidas pasadas porque tenía lógica total que Dios nos diera más de una o dos oportunidades para perfeccionarnos para Él.

La gran pirámide

No llegué a visitar Egipto por mí misma hasta 1983, y lo primero que noté fue que ahí pululaba la espiritualidad, la cual representan las pirámides en especial. Me encanta una de las más antiguas, la Pirámide Escalonada de Saqq_ra, pero nada se compara con la Gran Pirámide de Keops (o Jufu, como a veces se la llama) en la planicie de Giza.

Se cree que la Gran Pirámide tiene unos 4,500 años de antigüedad, aunque algunos aducen que pueden ser 10,000 años, depende a cuáles científicos uno escuche. (Francine, mi guía espiritual, dice que las marcas de agua indican que fue construida hace de 12,000 a 15,000 años.) Existe una teoría acerca de las pirámides de Giza que dice que fueron alineadas de igual forma que el "cinturón" en la constelación de Orión; de hecho, los cálculos matemáticos comprue-

Aquí estoy delante de las pirámides.

ban que cerca de los años 10,000 a 12,000 A.C., las pirámides se alineaban perfectamente con esa constelación.

Cuando uno disfruta de la sombra de la Gran Pirámide, literalmente, se queda sin aliento. Cuando estuve ahí de pie por primera vez hace más de veinte años, me quedé pasmada, y me convencí por completo que ni siquiera miles de obreros trabajando arduamente durante todas sus vidas habrían podido cortar, acarrear y colocar esas piedras por ellos mismos. Para construir la Gran Pirámide, según dicen los egiptólogos, las piedras, cuyo peso promedio es de dos toneladas y media cada una, tendrían que haber sido colocadas a la velocidad de una cada 45 segundos, lo cual es simple y llanamente imposible.

Los científicos han intentado hacer radiografías (a falta de una mejor palabra) de la Gran Pirámide con sonidos, y cada vez obtienen una lectura distinta. Francine dice que el conocimiento ahí impuesto por una inteligencia superior a la nuestra, está atrapado en el interior de las piedras, y será revelado en un futuro no muy distante. Un amigo muy cercano, el doctor Zahi Hawass (a quien he mencionado con anterioridad), dice que no está de acuerdo conmigo, pero igual nos amamos. Mi opinión es que si él *estuviera de acuerdo* conmigo, pondría en riesgo su posición como Secretario General del Concejo Supremo de Antigüedades de Egipto. Por otro lado, yo jamás me he sentido intimidada al retar de frente a la ciencia, la religión, la filosofía o lo que sea. Todo lo que digo, lo *sé* con mi alma y mi corazón, y sólo le pido a los demás que escuchen y crean lo que deseen.

Después de contemplar durante un largo rato la Gran Pirámide esa primera vez, decidí entrar, y su interior era más caliente que un horno. Cuando comencé a ascender los grandes escalones de la entrada (que van directo hacia arriba, sudaba y casi me maldecía por ser tan estúpida por ponerme a pasar por algo así, especialmente debido a que estaba en plena menopausia y, ¡ya me sentía hirviendo la mitad del tiempo! A pesar de que estaba sumergida en mi conmiseración, miré de repente los muros interiores de las escaleras de la Gran Galería y para mi sorpresa, empezaron a formarse imágenes tan claras como la luz del día. Estoy convencida de que estos cuadros solían estar ahí, porque incluso bajo la pálida luz, podía detectar su silueta apenas visible. Es como cuando uno va a pintar una pared y no sabe o no sé da cuenta lo sucia que está hasta que no empieza a quitar lo que hay en ellas.

Los cuadros comenzaron a tomar forma: cada uno de ellos representaba, en un color hermoso, un parto, un adolescente, lo que parecía una boda, una familia posando, un grupo trabajando en un campo o sentado en un círculo, una persona orando de pie (se parecía a Isis), un viejo con un bastón que lo ayudaba a caminar y un sarcófago.

¡Oh Dios mío! pensé, *esto no es en verdad una tumba: ¡es un símbolo de la ascensión del hombre a lo largo de su vida!* Esto explicaba lógicamente por qué nunca habían encontrado ninguna momia enterrada en la

Cámara del Rey ni de la Reina. También me recordaba al antiguo acertijo de la Esfinge: ¿Qué camina en cuatro patas en la mañana, en dos en la tarde y en tres en la noche? La respuesta, obviamente, es el ser humano. Un bebé gatea en cuatro patas, un joven camina sobre sus dos piernas y un anciano usa un bastón.

Mientras el grupo con el cual estaba seguía subiendo cada vez más, llegamos a un lugar en donde el techo estaba tan bajo que parecía un espacio en el que uno sólo podía andar a gatas. Después de agacharnos y lograr pasar por ahí, llegamos a la Cámara del Rey, en donde un sólo sarcófago abierto nos miraba fijamente. *Renacimiento,* comprendí. *El sarcófago abierto simboliza el renacimiento. Escalamos la vida, en las buenas y en las malas; seguimos sin importar lo difícil que se ponga el camino; y luego renacemos hasta nuestro final aquí en la Tierra, en cuyo punto, nos liberamos para ir al Más Allá. Éste es un verdadero templo de adoración y conocimiento,* pensé, y Francine dijo: "¡Muy bien! ¡Estás empezando a entender!"

Tiene suerte de que la ame... a veces me trata con cierto aire de arrogancia y de sarcasmo (claro que yo sé que esa es la forma en que yo lo tomo). Por lo general no reacciono así, pero tenía tanto calor, estaba tan cansada y sudaba tan copiosamente, que no me sentía de ánimo para frivolidades. "Es muy fácil para ti," respondí sin pensar. "¡No eres tú la que está pasando por todo esto!"

Al descender me sentí de repente vibrante y llena de energía, especialmente después de permanecer en la Cámara del Rey con el sarcófago, el cual reverberaba psíquica y positivamente: energía, ideas, canciones, rituales y oraciones. Más tarde esa noche, di una charla sobre mis impresiones psíquicas del lugar a todos aquellos que fueron a la Gran Pirámide conmigo, al igual que lo he seguido haciendo desde entonces. Quedé sorprendida de la cantidad de personas que habían sentido y visto lo mismo que yo (sé que es cierto porque vi a algunas personas tomando notas, que compartieron conmigo cuando terminé de hablar).

Independientemente de lo que usted piense, la Gran Pirámide es un lugar místico, y nadie sale de ahí sintiéndose igual. Después de todas las veces que he visitado ese lugar, tengo un archivero lleno de relatos de experiencias de personas a quienes les ha cambiado su vida. Algunas personas que han visitado el lugar conmigo incluso se han sanado físicamente en la Cámara del Rey. La primera vez que visité Egipto, como dije antes, fui con unas 80 personas, pero el siguiente viaje fui con 275, muchas de las cuales experimentaron grandes curas. Por ejemplo, veamos a Nan:

> *"Sufrí de migrañas durante veinte años, jamás volví a tener un dolor de cabeza después de salir de la Cámara del Rey."*

Bill dijo:

> *"Durante 37 años viví la tortura de la depresión. Después de visitar Keops, no me he vuelto a sentir deprimido."*

Susan escribió un testimonio mucho más dramático todavía:

> *"Cuando iba subiendo la Gran Galería, el dolor de mi artritis era tan intenso que pensé que iba a morir... pero al descender, el dolor se había ido y no ha regresado desde entonces."*

Incluso cambios psicológicos profundos ocurren en estos viajes, algunas personas pueden ver sus vidas pasadas y deshacerse de viejos resentimientos o sufrimientos causados por una traición. También han ocurrido por lo menos siete divorcios, incluyendo el mío. Creo que la Esfinge y las pirámides egipcias nos reflejan de forma favorable y desfavorable, rebotando nuestros propios seres de regreso hacia nosotros. En total, he llevado a unas 700 personas a Egipto, y por lo menos dos terceras partes llegan cambiadas y con un sentido más profundo de su espiritualidad (aunque su experiencia no sea tan dramática como la de Nan, Bill o Susan).

Verdaderamente, creo que de alguna manera, como mencioné anteriormente, en esas rocas hay un conocimiento implantado.

Es decir, si toda la naturaleza, incluyéndonos, viene con memoria celular, ¿por qué las piedras no conllevarían información a la cual algún día podremos tener acceso?

Siempre sonrío cuando veo lo mucho que algunos presumen respecto a nuestra tecnología, especialmente cuando ni siquiera hemos raspado la superficie de la sabiduría antigua. Ni siquiera sabemos cómo preservar cuerpos como lo hacían los antiguos egipcios. Lo interesante es cuántas personas que viven hoy en día han tenido una vida pasada en Egipto. (Lo mismo es cierto en los casos de Lemuria y Atlántida.) Supongo que tiene sentido, ya que África es la cuna del comienzo de la mayoría de nuestras vidas en la Tierra (o por lo menos una o dos escalas), especialmente para todos aquellos que buscamos el conocimiento de las antiguas creencias espirituales.

Las tres pirámides que se erigen en fila en la planicie de Giza, una grande (padre), otra pequeña (madre) y otra todavía más pequeña (hijo), son una trinidad en el desierto. Aunque no se encontraron joyas ni tesoros en ellas, las construcciones le demuestran a la humanidad algo todavía más precioso: que nuestras penas y sufrimientos nos llevan a nuestra ascensión. De hecho, en 1954, en la base de la Gran Pirámide, el arqueólogo Kamal el-Mallakh encontró a lo que ellos se refieren como un "bote solar," el cual fue diseñado por los faraones para surcar los cielos. ¿Cómo hubieran podido saber que algo (o *alguien* en todo caso) podía volar con un objeto similar a un bote si no fuera porque lo habían visto?

La Esfinge

El siguiente lugar sagrado que exploré fue la Esfinge. Parece que cada científico del mundo tiene su propia opinión respecto a lo que su rostro representa. No creo que se trate del rostro de ninguna persona. Primero que todo, la Esfinge es el guardián del templo (de la Gran Pirámide), y simboliza la eternidad de la humanidad sobreviviendo y cuidando el desierto de la vida; además, considere cuántos dioses egipcios fueron parte humanos parte animales.

Creo que la intención era demostrar cómo los humanos podemos "transformarnos" en una especie de tótem, asumir las cualidades de animal y humano y combinar las dos desde el coraje y la sagacidad o fortaleza. Esto, por supuesto, podría hacer que nos pareciéramos más a Dios, como nuestros santos cristianos o incluso el mismo Cristo que se le llamaba el "cordero de Dios."

Francine causó gran sorpresa cuando me dijo que el Arca de la Alianza estaba enterrada debajo de lo queda de la Esfinge. (Después de todo, ¿qué mejor lugar para esconder el Arca que debajo de lo queda de la Esfinge, en donde nadie la buscaría?) Debido al hecho de que el Arca estaba hecha de madera y oro, conducía algún tipo de corriente eléctrica puesto que encerraba tantos secretos sobre la vida y cómo debía ser vivida. Incluso, contenía planos sobre cómo

Aquí estoy dando una conferencia al pie de la Esfinge.

fueron construidas la Esfinge y las pirámides egipcias, casi como una pequeña biblioteca de consulta.

Aunque yo no tenía ningún problema con la información recibida en la Gran Pirámide, sí me inquietaba el hecho de que el Arca estuviera escondida bajo la Esfinge. Sin embargo, cuando regresé a donde mi maravilloso amigo Abass Nadim (quien, Dios lo bendiga, ahora se encuentra en el Más Allá, y eso es otra historia) en 2001 y 2002, el doctor Zahi Hawass nos dijo a Abass y a mí que algunos egiptólogos estaban comenzando a excavar bajo la Esfinge y habían encontrado una cámara secreta, pero hubo ciertos problemas o confusiones diplomáticas que hicieron que se suspendieran los trabajos de excavación.

Abass me dijo: "Sylvia, es notable el hecho de que tú supieras que había una cámara escondida bajo la Esfinge, especialmente teniendo en cuenta que nadie hasta ahora creía que hubiera nada ahí."

Sé que algún día encontrarán ahí el Arca. Quizá los Mandamientos no estén ahí, pero incluso si así es, estoy convencida de que hay suficiente evidencia para comprobar su autenticidad y esta teoría.

Otras pirámides y tumbas

A unos mil seiscientos kilómetros al sur de El Cairo, en lo que es hoy en día Sudán, se encuentran las pirámides de Nubia. Hay el doble de pirámides en Sudán que en Egipto (unas 180). Incluso los nubios gobernaron a Egipto en una época durante 60 años. Sus pirámides eran tan interesantes que fueron llamadas "máquinas de resurrección" y se usaron como cementerios para sus reyes y nobles.

Hay indicaciones de que los extraterrestres tuvieron algo que ver con las culturas de Egipto y África. (Esto también tiene lógica cuando uno encuentra una cultura como la de la tribu Dogan en Mali, la cual no tenía telescopios pero conocían profundamente a

Sirio o el Alfa del can Mayor, y sus estrellas circundantes, y aseveraban que sus dioses provenían de ese lugar. ¿Cómo podría una tribu presuntamente "primitiva" conocer una estrella tan lejana a menos que alguien de los cielos se las hubiera dado a conocer?)

Francine dice que si uno observa un mapa, se dará cuenta que las pirámides forman un triángulo desde las de las selvas de Yucatán en México, pasando por las de Perú y Giza; también fueron usadas como un tipo de estación de telégrafo. Ella dice que al comienzo todas las pirámides poseían cristales en sus cimas (las cuales erosionaron con el tiempo), y así era que las personas de la antigüedad se comunicaban mutuamente.

Me parece increíble que estas culturas, separadas por continentes, pudieran edificar construcciones similares. ¿Cómo podían saber cómo hacerlas a menos que no hubiera una inteligencia que les diera instrucciones? En *Carros de fuego de los dioses*, el escritor Erich Van Daniken muestra lo que dice parece ser una escultura de un hombre usando un casco espacial frente a un tablero de mando.

Este grabado fue encontrado en la tapa de piedra del sarcófago del Pacal, el gran rey maya, el cual puede verse en las ruinas de la antigua ciudad maya de Palenque en el México de la actualidad. Su tumba fue encontrada en el interior de un templo en forma de pirámide y fue la primera tumba encontrada en una pirámide maya. Los arqueólogos han comenzando a descifrar el grabado, del cual se dice que representa a Pacal en su camino a la vida después de la muerte. Piensan que un árbol, en un segundo plano del grabado, simboliza la Vía Láctea con Pacal en toda su gloria yendo hacia ella en su vehículo celestial.

Aquí también los científicos están renuentes a admitir que lo que se encuentra en este grabado es de hecho una nave espacial. Y bien, yo les pregunto, en los tiempos antiguos, ¿quién podría hacer que un antiguo maya representara a alguien con una burbuja sobre su cabeza sentado frente a lo que parece un tablero de mando, en un vehículo celestial con fuego saliendo de su parte posterior? Puedo entender los dibujos de cultivos y recolección de maíz, bueyes y otras cosas, pero nada tan sofisticado como esto. De nuevo, vemos distintas culturas que presuntamente no se conocían entre sí, construyendo con las mismas técnicas y diseños. *Tenía* que haber algún tipo de mensajero o cultura del espacio estelar que les enseñaba a estos pueblos primitivos a construir edificaciones tan complejas.

También es interesante advertir que con Pacal fueron enterrados varios de sus sirvientes, de igual forma que lo hacían los nubios y los egipcios. Además, en excavaciones recientes de las momias incas del Perú, se han encontrado que están tan bien conservadas como las egipcias, si no más, siendo la vida después de la muerte, la razón más importante para la momificación. Muchas de las momias encontradas fueron enterradas juntas o muy cerca unas de otras. Sin tener que lucubrar demasiado, si Jim Jones pudo coaccionar a más de 900 personas en Guyana para que murieran con él, ¿por qué no podría un líder hacer que su gente, no solamente construyera una tumba porque él era un "dios," sino, además, muriera y fuera enterrado junto a él?

Nunca le presté mucha atención a estas similitudes manifiestas hasta que comencé a investigarlas; y cuando lo hice, me descubrí con la boca abierta de pasmo más de una vez. (Aunque usted no crea ni una pizca de esto, vale la pena leerlo como una increíble lección de historia.) Considere los siguientes hechos:

— En China en 1974, un granjero cavando un pozo encontró miles de guerreros de terracota enterrados en una enorme bóveda subterránea. Científicos chinos determinaron que estos guerreros resguardan la tumba de un antiguo emperador que también se encontraba en el interior de la bóveda. Adentro encontraron, no solamente miles de estos guerreros hechos a mano de forma maestra, sino también un monumento complejo compuesto de ríos de mercurio e incluso "estrellas" hechas de perlas en los techos de la cámara mortuoria. No se han atrevido a excavar seriamente, por temor a ocasionarle daños al sitio y a la hermosa tumba.

— En Egipto, hay muchas tumbas, no solamente en el Valle de los Reyes, sino también alrededor de Amarna, la cual era la capital del país fundada por Akhenaton y en donde se supone que se encuentra su tumba. (Akhenaton, para aquellos que no lo saben, fue el faraón que introdujo el monoteísmo a los egipcios.)

A pesar de que la tumba de Akhenaton ha sido descubierta, todavía no existe prueba científica de que su *cuerpo* haya sido recuperado, pues su tumba estaba parcialmente incompleta, y aunque algunos científicos creen que encontraron su cuerpo y los restos de su familia, otros están muy escépticos, pues el cuerpo es de un hombre joven. Hasta la fecha, la mayor parte de los científicos creen que el cuerpo de Akhenaton no ha sido hallado. Menciono estos lugares de entierro porque las pirámides siempre se han asociado con tumbas, pero ahora está saliendo a la luz evidencia de que las pirámides no se usaban solamente para entierros.

— Otra similitud que alimenta la idea de la influencia extraterrestre, se encuentra en la construcción real de estas enormes construcciones en distintas partes del mundo. Los incas y los mayas usaron métodos de construcción muy similares, especialmente en la disposición de las rocas que están unidas de forma tan minuciosa que no es necesario usar mezcla, y en el tamaño de las piedras que alcanzan múltiples toneladas de peso.

En el artículo "Egiptólogos: Es hora de comprobar sus argumentos" (publicado en **www.world-mysteries.com**), el periodista investigador independiente Will Hart afirma que los egiptólogos tienen fijaciones irracionales y poco propias de científicos proclamando que los antiguos constructores egipcios extrajeron las piedras de las canteras, las transportaron, levantaron, prepararon y las colocaron en su lugar, a pesar de que estos bloques pesaban de 50 a 200 toneladas. El señor Hart dice que el problema es que no ha podido ser comprobado que las herramientas y los métodos primitivos que se cree usaron los constructores pudieron lograr esa hazaña. De hecho, han fracasado varios intentos registrados en los últimos treinta años para realizar una réplica de lo que lograron los primeros constructores egipcios. También debemos tener en cuenta que aunque ciertamente poseemos la tecnología para construir grandes edificios y puentes, parece que no somos capaces de duplicar una pirámide.

Como lo explica el señor Hart, en la década de los setenta, un equipo japonés patrocinado por Nissan intentó construir un modelo de una tercera parte del tamaño de la Gran Pirámide usando los métodos que según los egiptólogos usaron los antiguos ingenieros. El equipo japonés no pudo duplicar ni un solo paso del proceso; de hecho, no pudieron duplicar *ningún* paso sin el uso de maquinaria moderna, e incluso así fracasaron de forma miserable. Este fracaso demuestra que las herramientas y el equipo sencillo que fueron usados presuntamente por los primeros humanos no habrían logrado construir las pirámides.

El equipo intentó de nuevo erigir un obelisco en los noventa, usando otra vez los primitivos instrumentos y equipos que según los egiptólogos hicieron el trabajo. (El obelisco más grande en Egipto pesa aproximadamente 400 toneladas, pero los japoneses intentaron levantar uno que pesara 35 toneladas, una diferencia considerable en peso y tamaño). Primero que todo, no lograron esculpir su obelisco usando los martillos de dolomita, que según los científicos, fueron usados por los egipcios; el equipo japonés esculpió el suyo usando una excavadora; en segundo lugar, no podían usar un bote para su transporte y entonces usaron un camión de gran tamaño (se podrán dar cuenta adónde nos lleva todo esto); y finalmente, intentaron levantar el obelisco en su lugar y fracasaron.

Para ser justa, debo decir que este mismo equipo volvió a intentarlo unos años más tarde, y al eliminar los dos pasos primeros de la excavación de la cantera y del transporte, se las arreglaron para poner de pie el obelisco después de dos intentos. Sobra decir que probaron un punto: que estos antiguos monumentos no fueron construidos por los antiguos egipcios con sus rudimentarias herramientas.

Científicos, ingenieros y egiptólogos se rascan la cabeza cuando se enfrentan al problema de cómo fue que se llegaron a construir estas gigantescas edificaciones. Muchos de los cuales están saliendo ahora con teorías alternativas sobre cómo fueron construidas las pirámides, pero de nuevo la gran mayoría todavía piensa que los antiguos egipcios lo hicieron con cinceles y martillos, sogas, millones de esclavos escalando rampas y cosas por el estilo.

Parece que nadie tiene el valor o la honestidad de decir: "Simplemente no lo sé" o "Quizá fueron construidas por una inteligencia superior." Después de todo, se supone que Dios siempre ha vivido en el cielo, ¿no podría ser posible que la razón por la cual se haya originado esta teoría (aparte del hecho de que Él o Ella siempre nos rodea) es porque esta Inteligencia Superior descendió de arriba?

El señor Hart es sin duda controversial, pero se mantiene firme y dice que hoy en día nos cuesta mucho trabajo mover piezas de 300 toneladas, incluso con nuestra tecnología, y que "no sería tan difícil creer que [los antiguos egipcios] usaron teletransportación." También dice que muchos egiptólogos modernos no dicen claramente lo que saben ni lo que piensan debido a las presiones sociales, políticas y científicas.

Parece ser que aquellos que han osado cuestionar las teorías populares han caído en desgracia siendo vedados de la comunidad o han sido tildados de fraudes absolutos. Tal es el caso de Michael Cremo, quien realizó un controversial documental retando la construcción de las pirámides egipcias. Cuando su película salió al aire, la cadena NBC fue inundada con llamadas de científicos que lo tildaban de ser un farsante sin fundamentos científicos.

La doctora Virginia Steen-McIntyre fue otra disidente que ofreció datos controversiales no muy distintos a los proporcionados por Hart y Cremo. Le pidieron que se retractara y cuando rehusó hacerlo, perdió su trabajo en una universidad estadounidense. Los científicos de la actualidad son muy parecidos a los médicos, es decir, sus organizaciones tienen todo el poder para suprimir nueva información y verdades, y Dios los ayude si intentan desafiar al sistema, incluso si tienen las mejores intenciones científicas y credenciales impecables.

No obstante, *cualquiera* puede ser un investigador e incluso un científico. Usted no tiene que tener un título para concebir un proceso o una teoría, solamente tiene que registrar los hechos hasta que obtenga más resultados negativos que positivos o viceversa. Por ejemplo, en el artículo de Will Hart, él promulga un reto a los egiptólogos para que prueben sus arraigadas teorías de cómo fueron construidas las pirámides. Dice:

> Esto trae a colación el tema de la Gran Mentira y cómo ha sido promovida por generaciones frente a Dios y frente al mundo. La controversia sobre cómo fue construida la Gran Pirámide es un ejemplo. Podría aclararse con facilidad si los egiptólogos desearan resolver esta disputa. Podría designarse una simple prueba y ser orquestada por ingenieros imparciales que podrían probar o refutar su antigua y controversial teoría: que fue construida usando las herramientas y los métodos primitivos de entonces, cerca del año 2500 a.C.

Algunos han intentado hacerlo y han fracasado, lo que nos deja con lo que he observado y documentado muchas veces... no, no soy científica, ni profeso serlo, pero *sí* soy una investigadora que cree sin duda alguna que las pirámides de Giza fueron construidas por seres de otra galaxia con conocimientos mucho más avanzados de los que jamás hemos llegado a poseer. Francine dice que estos seres son de Andrómeda, es bastante probable, pero sean o no de ése o de otro sistema estelar, creo firmemente que nadie en este planeta construyó estas estructuras sin ayuda de ellos. De hecho, pienso que estas visitas del espacio exterior eran comunes al hombre antiguo y al hombre primitivo.

Los extraterrestres se relacionaron con los humamos antiguos porque los seres primitivos de todas formas creían que Dios venía del cielo, entonces para ellos no era inusual aceptar las visitas extraterrestres. Sin embargo, después del advenimiento del Dios Único, puede ser que un extraterrestre haya aparecido ante Moisés en un arbusto en llamas, pero esa fue básicamente la última vez... excepto cuando Elías "ascendió a los cielos" en un "carro de fuego." (Segundo libro de los Reyes 2:11). Muchos científicos han intentando duplicar la jornada de Elías según la descripción de la Biblia, y resultaron con una máquina que parecía un vehículo espacial, pero luego no supieron cómo hacerla funcionar.

Creo que estos seres de inteligencia superior nos brindaron su conocimiento espiritual, quizá incluso que el alma vive y se va al cielo. (Es bueno que sepa que los egipcios no creían verdaderamente en la reencarnación, la razón porque se les llamaba así es porque creían en la vida después de la muerte, motivo por el cual sus tumbas estaban repletas de todos los aspectos de la vida del faraón para que pudiera regresar y disfrutarla. Sin embargo, no creían que la vida continuaba en un círculo de nacimientos como creen los hindúes, los budistas y los esenios, grupo del cual Cristo formaba parte.)

Cuando yo tenía unos diez años de edad, Francine me dijo que los extraterrestres nos colonizaron. En esa época yo no estaba muy interesada, pero pensé que sonaba tan bien como todo lo demás que había escuchado y lo archivé en mi memoria. Mucho después, quedé perpleja cuando descubrí que Edgar Cayce había dicho las mismas cosas que Francine. Ahora bien, ¿cómo afecta esto al destino que escribimos para nosotros antes de venir? No lo afecta: escogimos a qué planeta venir y qué tenemos que aprender mientras estamos en él. (Como una nota al margen, Francine enfatizó que todo aquel que viene a este planeta está entre el más valiente de los valientes y aprende más rápido que en cualquier otro lugar porque éste es el asilo de locos del universo. Cuanto más me pasan los años, y más veo y escucho, más creo en el fondo de mi corazón que es cierto. Pero, anímese ante la idea de que solamente quiere decir que aquellos que decidimos venir aquí no somos solamente valientes, sino que además deseamos graduarnos más rápido. Espiritualmente, somos todo un caso para los mensajeros como Cristo, Buda y Mahoma que han venido aquí a enseñarnos el amor y la paz. No quiero ser negativa, pero algunas veces parece que muchos no han aprendido nada...)

Es interesante notar que hemos recibido conocimientos extraordinarios de antiguos astronautas que vinieron del cielo; sin embargo, mientras nos volvimos más civilizados, dejamos de aceptar los avistamientos. No obstante, veremos a los extraterrestres aparecer de nuevo en los próximos 10 años más o menos. Pero como la humanidad estará muy renuente a aceptarlo, y debido a cómo está el mundo hoy en día, sus naves podrían ser derrumbadas tildándolos de terroristas. En última instancia, cerca del año 2050, nuestros amigos celestiales comenzarán a trabajar entre nosotros.

Creo que es hora de concluir este capítulo, aunque podríamos investigar estos misterios en particular durante años. Pero, como he dicho: tome los hechos y lea y llegue a sus propias conclusiones, es posible que usted llegue a pensar igual que yo. Sea lo que sea que decida hacer, debe saber que toda la región que rodea a las pirámides, incluyendo a las personas y hasta la arena, parece conllevar un aire de misticismo. Éste fue un lugar, como en toda África, en donde comenzó la vida, y guarda sus secretos con casi una contradicción de hostilidad amistosa. Es como si ellos supieran que no importa lo que la ciencia intente probar, sus dioses no solamente vinieron de los cielos, sino que además les enseñaron a colocar piedras, sin tener que usar mezcla, para que duraran más tiempo que cualquier edificación que se haya jamás conocido.

Un círculo de cosechas en la planicie de Salisbury cerca de Stonehenge.

18
Círculos de cosechas

Por cientos de años, el fenómeno de los círculos de cosechas ha resurgido con alguna periodicidad. Hace unos años regresó a las noticias gracias a la película *Señales* con Mel Gibson. Para ser honesta, solía vacilar sobre si habrían sido o no los seres humanos responsables de crear estos intrincados círculos. Desde luego que muchos científicos han capturado con sus cámaras a algunas personas haciéndolos, pero teniendo eso en cuenta, observe algunos de los hechos y tome su propia decisión.

———⚬———

Primero que todo, los círculos de cosechas llevan apareciendo mucho tiempo y en muchos países alrededor del globo. Aunque están asociados primordialmente con las Islas británicas (puesto que la mayor parte han aparecido allí), también se han encontrado en los Estados Unidos,

África, Europa, Australia, Centro y Suramérica, Japón, Canadá y Rusia. Prácticamente, los ha habido en todos los continentes en una forma u otra, y parecen volverse cada vez más sofisticados y complejos en su diseño.

Uno de los relatos más antiguos y famosos de un círculo de cosecha está registrado en un grabado en madera en Inglaterra en 1678, con el título: "El diablo segador o las extrañas noticias del condado de Hartford." Mucho tiempo antes de que se hubiera inventado la cámara, esta ilustración representa una creatura semejante al diablo labrando un campo con un patrón usando una hoz. El texto del grabado relata la historia de un granjero codicioso que no quería pagar el precio establecido que cobraba un segador local, y dizque dijo que prefería que el diablo se encargara de la cosecha. La mañana siguiente, el granjero se despertó y descubrió que su cosecha había sido de hecho segada, pero de una forma extraña, con círculos que ningún ser humano habría podido realizar en una noche.

Los círculos fueron tan exactos y su simetría era tan perfecta, que el granjero y los habitantes de la localidad estaban seguros de que se trataba de una obra del diablo. El granjero tenía tanto miedo que ni siquiera fue al campo a recoger la cosecha. (Aunque esta historia parece tirada por los cabellos, el grabado existe en verdad y la reacción de los personajes principales corresponde con el periodo de tiempo, al fin y al cabo, todo lo que no podía ser explicado era considerado obra del diablo.)

Algunos criptógrafos y otros científicos teorizan que muchos patrones de los círculos de cosechas también han sido encontrados en piedras prehistóricas y en grabados en muros. Un ejemplo de esto son las espirales talladas en una piedra en Newgrange, Irlanda (reminiscencia de Stonehenge, con algo o alguien llegando de los cielos). Otros señalan dibujos antiguos e inexplicables tales como los realizados por el pueblo de Nazca en el desierto peruano y sugieren similitudes con los círculos de cosechas.

También hay pruebas de que algunas de estas configuraciones han sido ilustradas en varios dibujos egipcios. Personalmente, los vi en las paredes de las tumbas y en los antiguos templos de Karnak. Incluso le mencioné a algunas de las personas que viajaban conmigo que estos dibujos se parecían a los círculos de las cosechas. Sé que todo esto parece demasiado circunstancial, pero al repasar estos misterios y nos remontamos un poco, advertiremos características comunes que conectan toda esta información. Al igual que los antiguos druidas señalaban hacia el cielo, también lo hacían los egipcios e incluso los primeros celtas; por consiguiente, vamos viendo surgir el patrón: *no estamos solos.*

En verdad, he llegado a creer que los círculos de cosechas son configuraciones geométricas y matemáticas de personas de otros planetas. También creo que algunos son mapas de una galaxia o planeta que quizá no conocemos. Algunos de los patrones lucen como notas musicales, y creo que quien sea que las haya hecho está tratando de comunicarse con nosotros.

No quiero entrar en demasiada profundidad en lo referente a los OVNIS ahora, pero a pesar de que hayan descubierto a personas creando o intentando duplicar los círculos de cosechas, hay demasiados como para ser descartadas como patrañas, y ahora, como en los años 1600, es totalmente imposible que un grupo de personas realice en una noche estos enormes patrones con tal precisión.

Algunas teorías sobre los círculos de cosechas

Hay muchas teorías tras el origen de los círculos de cosechas, algunas parecen lógicas, mientras que otras son tan absurdas que son ridículas. Una teoría que sigue esta línea es la llamada hipótesis de Gaia, la cual dice que la Madre Tierra está enojada por la forma en que la están tratando, y que esas formaciones son su forma de decirnos que tenemos que cambiar nuestra conducta. Los seguidores de esta teoría insisten en que la mayoría de los círculos están cerca de lugares sagrados tales como Stonehenge, en donde las energías de la tierra son más intensas. Aunque no estoy de acuerdo con esta teoría, es un hecho que muchos de los círculos de cosechas *están* cerca de lugares sagrados dispersos por el mundo. Siento que quien sea que los esté haciendo ha escogido estos lugares para poner más énfasis en lo que está tratando de hacer.

Otra teoría que ha surgido es la Teoría de Vórtice de Plasma, según la cual el doctor Terrance Meaden dice que los patrones de espirales que ocurren en los círculos de cosechas son debidos a fenómenos atmosféricos como el vórtice de un remolino de polvo o un tornado. Ahora bien, soy originaria de Misuri y he visto muchos remolinos de polvo y tornados en mi vida, pero jamás he visto que se conviertan en un círculo de cosecha. El sentido común dice que estas tormentas violentas absorbe la materia, producen devastación y son siempre actos fortuitos de la naturaleza, pero no hacen círculos perfectos ni ningún tipo de configuración como dibujos complicados con líneas rectas, curvas y demás.

Otras teorías que han obtenido buenas críticas, pero parecen "absurdas," son: experimentos militares; excavaciones arqueológicas subterráneas y, por supuesto, el pilar de los escépticos: puras patrañas. Veamos cada una de ellas.

1. **Experimentos militares** es una de las típicas de la actualidad, pues ahora todo lo inexplicable, se asume como la obra de algún gran experimento militar secreto. El sentido común nos dice de nuevo: los círculos de cosechas se han encontrado en todas partes del mundo en *muchos* países; ningún experimento militar de un gobierno podría hacer eso. ¿Una conspiración de varios gobiernos? Piénselo de nuevo. No podemos ponernos de acuerdo en las cosas de la vida diaria, mucho menos en una cooperación militar con gobiernos extranjeros. Elimine esa teoría; no es práctica, ni vale la pena que nos tomemos el tiempo de examinarla más.

2. En cuanto a la teoría de la **arqueología subterránea**, los círculos de cosechas están en demasiados lugares con distintas pobla-

ciones para que pueda ser pertinente. También es de alguna manera disparatado creer que los lugares arqueológicos, por más fascinantes que sean, puedan causar diseños complicados de círculos de cosechas (hablaremos de ellos un poco más tarde).

3.Esto nos lleva a que se trate de **patrañas.** Ahora bien, los máximos expertos en el fenómeno de los círculos de cosechas (tales como Colin Andrews) están todos de acuerdo en que *algunos* de los círculos han sido realizados por manos humanas, pero eso no quiere decir que *todos* ellos lo fueron. De hecho, la evidencia de que los círculos de cosechas han sido realizados por fuerzas o inteligencia no humana es cada día más fuerte. Déjeme explicarle la razón.

La teoría de que se tratara de una patraña empezó con seriedad a comienzos de los años noventa en Inglaterra, cuando dos personajes llamados Dave Chorley y Doug Brower confesaron haber hecho unos 200 círculos en varias localidades de las Islas Británicas. Los dos aseveraron que habían hecho las configuraciones con andamios y sogas, y que llevaban 13 años haciéndolo. Los medios de comunicación se comieron el cuento, y Dave y Doug se convirtieron en celebridades de la noche a la mañana, la prensa asumió la postura de inmediato de que *todos* los círculos de cosechas eran patrañas hechas por humanos. Otros bromistas salieron de donde menos uno los espera y comenzaron a hacer círculos también. En medio de este circo, los investigadores genuinos fueron presionados fuertemente para que respaldaran sus propias teorías y trataran de regresar a un plano científico genuino.

Debo detenerme aquí para explicar brevemente algo muy importante. No, repito, *no* crea todo lo que escucha, ve o lee en la televisión, la prensa, revistas y similares. Si lo hace, con frecuencia se alejará de la verdad. Yo misma, después de haber sido blanco constante del escrutinio de los medios de comunicación, sé en carne propia la gran cantidad de errores que comete la prensa en general, al llegar a rápidas conclusiones sin las investigaciones adecuadas. Tengo amigos que son celebridades y muchos que son investigadores científicos, y las historias de horror que me han relatado respecto a las falsas descripciones, declaraciones erróneas de los hechos y mentiras descaradas son totalmente asombrosas.

La profesión de reporteros tiene un grave problema que tratan de esconder bajo la alfombra pero no pueden, y es que están en ese negocio con fines de lucro. Esto da como resultado que saquen al aire rápidamente historias con el fin de tener la "primicia" antes de la competencia, lo cual conlleva a falsedades y a hechos pobremente investigados. También culmina en historias que han sido fabricadas, fotos falsificadas, citas tergiversadas o inventadas, y una actitud inescrupulosa en general.

Es una desgracia que los medios de comunicación tengan tal poder para influenciar a la gente de tantas maneras sin repercusiones. Claro, cuando se retractan lo hacen en la última página del periódico o al final de la emisión de noticias, pero para ese entonces, el daño ya está hecho. Ese fue el caso de los círculos de cosechas y del frenetismo por la patraña que ha sido perpetuado por los medios de comunicación.

Al final, los buenos viejos Dave y Doug se retractaron de sus confesiones después de que unos granjeros encolerizados los amenazaron con demandarlos. Resultó que solamente admitieron haber hecho una docena de los círculos, pero para entonces, ya era demasiado tarde. A pesar de que se retractaron y del hecho de que se habían reportado más de 200 círculos de cosechas en los previos trece años (y muchos más antes de esa época), los medios le dieron poco cobertura a esta parte de la historia. Mientras tanto, había demasiados "bromistas" por ahí haciendo de las suyas. El problema fue que nunca pudieron duplicar los verdaderos círculos de cosechas.

Como verán, cuando todo el asunto de los círculos comenzó, eran bastante simples en su naturaleza. Esto continuó por décadas hasta que de repente, de forma inexplicable, comenzaron a ser cada vez más complejos. Este cambio en la complejidad de los círculos coincidió más o menos con la salida a la luz del frenetismo de las patrañas. Era casi como si aquellos que los estaban haciendo estuvieran determinados a comprobar que no habían sido creados por seres humanos. Muchos piensan que las verdaderas creaturas están tratando de comunicarse con nosotros. Lo siguiente debería ayudarlo a comprender por qué pienso que los círculos de cosechas son hechos por una entidad extraterrestre inteligente, y debería ayudar a convencer a los escépticos que andan por ahí.

— Los círculos de las cosechas han sido descubiertos en campos de cebada y trigo, pero también han aparecido en maíz, avena, canola, pasto, arroz, árboles, arena e incluso sobre la nieve. Se han descubierto en más de 70 países del mundo, muchos cerca de lugares antiguos o sagrados. De forma inexplicable, muchos granjeros han reportado grandes rendimientos (de un 30 a 40% de incremento) en sus cosechas en los años siguientes a la aparición de las formaciones en sus campos.

— Freddy Silva, escritor, investigador y orador, escribió un artículo llamado "¿Será cierto que todo fue hecho con andamios y pedazos de soga?" explicando muchos conceptos básicos de los círculos de cosechas. Afirma que hay casi diez mil casos documentados en el mundo, aunque cerca de un 90% de ellos han aparecido al sur de Inglaterra. Por supuesto, hay muchos que no han sido revelados. Él postula que estos círculos están ahora "simulando fractales y elementos de computadora que se relacionan con los procesos tetradimensionales de la física cuántica." Dice también que el tamaño de los círculos se ha incrementado con su complejidad en los últimos diez años, y que algunos llegan a medir hasta casi dos hectáreas.

Silva dice que en general, los círculos encontrados en las Islas Británicas son formados entre las dos y las cuatro de la mañana, especialmente durante la época del año en que las noches son cortas y la oscuridad dura solamente unas cuatro horas. También cuenta de un caso extraño en el cual hay evidencia fotográfica:

En 1996, en Stonehenge, un piloto informó ver algo poco usual mientras sobrevolaba el monumento, sin embargo, quince minutos más tarde, apareció al lado del bien patrullado monumento una gigantesca formación de 275 metros semejante al fractal de computadora denominado el Conjunto de Julia, el cual comprende 149 círculos meticulosamente ensarmentados [sic]. Le tomó casi cinco horas a un grupo de 11 investigadores incluyéndome, *sondear* la formación.

En este artículo, Silva también afirma que los investigadores de la NASA confirmaron un sonido como una "pulsación" artificial que ha sido registrada en los lugares donde existen círculos de cosechas, el cual corresponde con el hecho de que muchos testigos afirman haber escuchado dicho ruido proveniente de la dirección de las formaciones.

— Los círculos de cosechas han aparecido en áreas restringidas fuertemente patrulladas. Instalaciones militares cercadas y patrulladas han tenido formaciones, así como un campo en la hacienda del Primer Ministro Británico en 1991, la cual estaba resguardada por tropas especiales antiterroristas.

— Numerosos testigos de las formaciones de los círculos de cosechas han informado que escuchan sonidos y ven luces acompañando el proceso, y algunos han sido testigos de que los círculos han sido realizados ¡en tan sólo veinte segundos! Algunos han descrito también grandes esferas de color brillante que proyectan una luz dorada en un campo que revela un nuevo círculo.

Cuando estaba en Inglaterra, muchas personas me dijeron estar convencidas de que los círculos son de fuera de este mundo. Los miembros de una familia de la cual yo había oído hablar (granjeros sencillos y muy trabajadores), se levantaron en la mañana y encontraron la más compleja formación imaginable. La simetría era impecable, las medidas en cada área eran perfectas en cada radio, y así todo en general. No veo cómo un (o varios) ser humano con sogas y andamios podría realizar una formación tan maravillosa... lo cual es obviamente imposible. A pesar de que equipos de voluntarios han intentado duplicar estas formaciones, sencillamente no pueden, así de simple.

Las personas con quienes he hablado dicen que cuando han visitado los círculos, han sentido mareos. Algunos experimentan euforia, otros náuseas, pero todo el mundo siente *algo*. No todas estas personas (incluyendo científicos respetados) sentirían estos efectos sin ser acusados de tener fantasías dramáticas. Y los escépticos no pueden explicar por qué no podemos encontrar pisadas entrando ni saliendo de los campos; por qué cada uno de los tallos de las plantas está doblado en perfecto orden, sin que eso les haga daño; o por qué se encuentran a menudo capas en extremo complejas de tallos entrelazados en un diseño perfectamente simétrico.

Finalmente, nadie parece desear mencionar que cuando se usan contadores Geiger, las agujas se salen del marcador, la energía residual en estos sitios tiene casi un efecto radiactivo, como un microondas. Puesto que los investigadores han descubierto que esta energía afecta las cosechas incrementando su rendimiento, me demuestra que ya sea que el suelo sea purificado o irradiado, esto ayuda a la tierra. (Ahora bien, ¿cómo podría alguien de este planeta dejar una huella de radiación?)

Recuerdo una ocasión cuando me encontraba en una filmación de un lugar encantado y Terry, nuestro camarógrafo, acababa de llegar de filmar unos círculos de cosechas. Él y su equipo acababan de encontrar dos discos redondos en el suelo de los círculos, y esta información había aparecido en el periódico (si bien se trataba de un pequeño párrafo). Terry me dijo más tarde que dos hombres habían tocado a su puerta, le habían enseñado rápidamente una placa y habían confiscado los discos. Me dijo que le habría encantado indagar más pero que tenía miedo de hacerlo.

No quiero insinuar que haya una conspiración, pero sí siento que nuestro gobierno piensa que somos estúpidos, o quizá que la información respecto a estas formaciones causaría pánico. Lo que no entiendo es que si alguien desea conversar con nosotros, ¿por qué no tratar más bien de ayudarlos o investigar la situación en vez de esconder todo bajo el tapete?

Considere de nuevo la razón por la cual los círculos de cosechas aparecen en lugares sagrados como la arena cerca de las pirámides o los campos al lado de Stonehenge. Los extraterrestres han usado estos sitios para intentar transmitir sus mensajes. Los genios de las computadoras y de las matemáticas están intentando descifrar las configuraciones mientras usted lee este libro, y los diseños parecen ser como un tipo de jeroglíficos o palabras dibujadas, a falta de un mejor término. Francine dice que no solamente están tratando de comunicarse con símbolos, sino que también están tratando de mostrarnos de qué parte de la galaxia son. Esto me recuerda tratar de entender la piedra de Rosetta.

Algún día, cuando la ciencia lo comprenda, veremos que estos seres del espacio están enviándonos amor, pero Francine dice que con los tremendos arranques de violencia recientes en la Tierra, también están tratando de decirnos que nos están observando y nos advierten de los peligros de maltratar nuestro planeta.

En vez de intentar desacreditar los círculos de cosechas, ¿por qué no más bien tratamos de encontrar el punto en común o el principio científico que los conecta a todos? Sé que estamos trabajando en esto y que los próximos dos años no solo veremos más y más círculos en el mundo, con patrones más sofisticados, pero también recibiremos más señales de que no estamos solos... y jamás lo hemos estado.

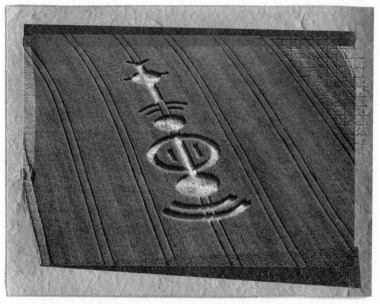

Otra formación en una parte distinta del mundo.

Cuarta Parte

Fenómenos místicos

19
Combustión espontánea en los humanos

Este extraño fenómeno ocurre cuando, sin razón alguna, un cuerpo humano arde en llamas de repente. Los científicos no pueden comprender cómo alguien que se encuentra sentado o de pie en un lugar, ni siquiera fumando o cerca de ningún tipo de fuego, puede de repente arder de forma tal que todo su cuerpo queda reducido a cenizas.

El cuerpo en realidad se incinera a sí mismo, pero para que esto suceda la temperatura tendría que elevarse a miles de grados y, sin embargo, lo más sorprendente es que nada del área que rodea al cuerpo se quema y, en muchos casos, ni siquiera se chamusca. Uno pensaría que ante este tipo de calor todo lo que está cerca de la víctima quedaría calcinado, pero no es así. Incluso, se han encontrado velas sin derretir sobre la repisa de la chimenea cerca de las víctimas. Y, como si fuera poco, los pies, las manos o los dedos de la víctima a menudo quedan intactos.

Se han informado casos en Alemania, Estados Unidos, las Islas Británicas y Australia, pero no existe un patrón que explica por qué ocurre, nada como por ejemplo: condiciones atmosféricas, localidades específicas, topografía, ni siquiera tipos de tela que hayan podido aportar una pista. La combustión espontánea en los humanos (SHC por sus siglas en inglés según la parapsicología) ha sido llamada obra del diablo, como si hubiera un diablo (el cual, ya lo he dicho, no existe) que no tuviera nada más que hacer que andar por ahí quemando gente.

Por supuesto, cuando escuché hablar de este fenómeno, me dirigí a Francine en busca de respuestas. Ella dijo que la SHC es causada por una acumulación de fósforo, que es altamente inflamable, es lo que causa que el cuerpo explote desde el interior y comience a quemarse de dentro hacia fuera.

He hablado con científicos que aceptan que el cuerpo humano está hecho de tantos minerales y elementos que si hubiera por ejemplo, demasiado hierro, moriríamos; o si hubiera demasiado cobre nuestro hígado dejaría de funcionar. ¿Por qué, entonces, no podríamos tener demasiado fósforo (que por cierto se usa en los fuegos artificiales por su elevada capacidad de combustión) y sencillamente explotar de dentro hacia fuera?

Es interesante notar que el fósforo quema con gran calor e intensidad, al igual que la mayoría de los metales como el sodio (coloque un poco al aire libre y verá que ocurre) y el magnesio. Esto explicaría por qué aunque el cuerpo comenzara a incinerarse desde dentro, el poder del fuego podría literalmente calcinar todo el cuerpo, pero no necesariamente el área circundante pues la intensidad cesaría una vez que todo el fósforo del cuerpo se hubiera ido.

Ahora bien, no creo que tengamos que salir corriendo por esta razón a hacernos un examen de la cantidad de fósforo en el cuerpo, pues tenemos más o menos la misma posibilidad de morir por combustión espontánea que la que tenemos de cabalgar en un unicornio sobre un arco iris con Mel Gibson de compañero (¡aunque esto último no estaría nada mal!).

20
Energía cinética y auras

La energía cinética es usada por las personas para mover objetos, algunas veces voluntariamente o accidentalmente, sin percatarse de que lo están haciendo. He hablado con muchos clientes que poseen esta habilidad: pueden hacer que exploten bombillas, que falle una computadora y que se muevan objetos; y muchos de ellos ni siquiera pueden usar relojes.

Los rusos trabajaron con la energía cinética durante un tiempo en sus investigaciones sobre la parapsicología, estudiando a individuos que podían mover objetos cuando se concentraban. Hace algunos años, en los antiguos campos Espiritualistas, las personas que dominaban la energía cinética eran llamadas *médiums físicos*. Los encerraban en un armario y los supervisaban, y luego las cosas comenzaban a moverse. El problema era que el poder de los médiums físicos era aleatorio y algunas veces no podían controlarlo muy bien, al contrario de un médium espiritual, quien usa la clarividencia, la clariaudiencia y la habilidad de ver el mundo espiritual, y quien parece tener mucho más control sobre todo esto.

Muchas veces, se ha informado de médiums físicos que han exudado *ectoplasma* (una sustancia blanca y viscosa) cuando se encuentran con un fantasma. Yo no soy médium física, pero Marcel Vogel, un científico de IBM que ya no está con nosotros, me dijo que cuando mi energía se eleva demasiado, quemo rollos fotográficos. También se sabe que hago explotar lamparas klieg (luces especiales que se usan en la industria de la filmación) en los estudios. Cuando solía hacer el programa *People Are Talking* en San Francisco, casi una de dos veces que yo aparecía, quemaba una luz. Aprendí a sintonizar mi energía una vez que fui consciente de eso.

El caso es que en una ocasión, estaba yo realizando una investigación sobre un lugar encantado en la posada Brookdale cerca de Santa Cruz, California, cuando frente a tres testigos, quedé totalmente cubierta de ectoplasma. No estaba comiendo, bebiendo, ni llevando nada que hubiera podido hacer que esta sustancia apareciera al frente de mi blusa, y ocurrió mientras hablaba con un espíritu muy gruñón a quien había contactado y que se hacía llamar "Judge" (y quien más tarde fue validado como una persona real que había residido en la posada).

Seguí hablando con Judge, y aunque sentía como que me había cubierto con una capa de algo, no comprendí lo ocurrido hasta que Michael (mi secretario), mi esposo en esa época y un empleado de la posada exclamaron en unísono: "¡Mira tu vestido!"

¿Por qué los fantasmas exudan esa sustancia? Porque su atmósfera a veces está tan condensada que parece formar una sustancia producto de sus "pensamientos", casi como si su ira se materializara (como en la frase "escupir odio").

Para los médiums físicos las cosas no son fáciles puesto que la energía cinética es tan aleatoria. Una afamada psíquica del siglo pasado era conocida por ser una de las médiums físicas más auténticas, pero durante una sesión, al ver que no ocurría nada (como había pasado muchas veces antes), recurrió a darle una patada a una silla y así arruinó una carrera que por años había estado llena de triunfos.

Y, pues también tenemos a Uri Geller, un médium físico, sin importar lo que nadie crea, sé que es real, he trabajado con él y he visto lo que hace. Por desgracia, apareció antes de que fuera el momento, y los escépticos se divirtieron a sus expensas.

Los médiums que *pueden* dominar la energía cinética están en mejores condiciones de canalizarla con fines curativos, porque conllevan tal nivel de carga eléctrica que pueden reemplazar la energía de otra persona y crear una cura.

No obstante, incluso con las pocas experiencias que he tenido que me han demostrado que es real, me siento muy agradecida con Dios de que yo sea una médium espiritual y de que no tengo que esperar que llegue la energía cinética y crear un fenómeno físico.

Auras

Las auras no son más que la emanación eléctrica que nos rodea. Nunca he creído verdaderamente en la idea de la fotografía Kirlian que presuntamente puede fotografiar el aura, pues es demasiado inconsistente y en verdad no indica mucho (aunque algún día tendremos escáneres de auras para diagnosticar enfermedades).

Es curioso que hablemos en función de auras: "Hoy veo todo negro", "Esa persona tiene una personalidad chispeante," "¡Me puse rojo de ira!" Y muchas veces usamos un color o frases relacionadas con el aura para expresarnos: un día "gris", una época "dorada" y así por el estilo. Y aún así, realmente emitimos colores en nuestras auras: el rojo significa que estamos enojados; el verde implica sanación, ya sea propia o ajena; el azul indica serenidad y el púrpura significa que estamos comunicados con Dios o que somos espirituales. Pero las auras pueden cambiar a diario (o a cada hora) según nuestro ánimo.

Las personas que ven siempre el aura me preocupan porque puede indicar que tienen una enfermedad en los ojos. Ver el aura de vez en cuando es más normal de lo que usted pueda creer, pero la mayoría del tiempo, es más autentico *sentirla*: nos sintonizamos con la oscuridad o la luz de otra persona. Si escuchamos nuestros sentimientos, seremos tan acertados como cuando tratamos de ver la emanación del aura de todas las personas.

21
Vudú, astrología y chamanes

Aunque puede parecer extraño que haya aglomerado estos tres tópicos en un solo capítulo, todos han sido envilecidos y mal comprendidos a lo largo de los años y, sin embargo, todos son bastante positivos.

Vudú

Es obvio que no es posible examinar todas las prácticas espirituales de cada religión, pues nos tomaría todo un libro, pero el vudú siempre ha sido un misterio para el mundo occidental. Dos de los mejores libros escritos sobre esta práctica son probablemente *Drum and Candle* de David St. Clair y *La serpiente y el arco iris* de Wade Davis (el cual fue también convertido en una película dirigida por Wes

Craven). Aparte de estos libros, sabemos muy poco sobre la práctica del vudú. Y aunque los dos libros anteriormente mencionados poseen gran mérito, también involucran un drama erróneo tal como: los zombis, las maldiciones y cosas por el estilo. De hecho, la mayoría de lo que ha sido escrito respecto al vudú es falso.

Hace años, cuando estaba estudiando para obtener mi maestría en literatura inglesa, tuve un profesor llamado Bob Williams, quien era maestro del horario nocturno del College of Notre Dame en Belmont, California. (Tuvimos una amistad muy estrecha y nos queríamos mucho, pero por encima de todo, él fue quien me animó a iniciar una fundación. Hace muchos años que murió y lo extraño todos los días. Sufrí mucho por su muerte pues era un hombre brillante y espiritual que creía en mí y en mis poderes, y me animó a que me lanzara ante el público en vez de seguir solamente dando consultas psíquicas en los clubes de mujeres y para familiares y amigos.)

Una noche después de clases, Bob dijo que había escuchado hablar de una reunión de vudú en San Francisco con una alta sacerdotisa llamada Devlin. *¡Vaya nombre!*, pensé, pero después de rodearnos a Bob y a mí con la luz blanca del Espíritu Santo, decidí asistir.

Cuando llegamos a ese apartamento, el lugar estaba lleno de gente al estilo "paz y amor". (Esto ocurrió en la época del movimiento hippie en San Francisco, justo antes de que las drogas tomaran el poder.) Heme ahí con mi vestido de maestra de escuela, mientras Bob llevaba puesto pantalones y una camisa…, nunca estuve segura de si estábamos muy elegantes o muy mal vestidos. John Paul, un joven barbudo de apariencia amable nos dio la bienvenida y nos invitó a unirnos al círculo. Nos pasaron una gran taza de té de hierbas de la cual todos bebimos como en una especie de comunión de amor. Luego, meditamos mientras esperábamos que llegara el invitado de honor.

Devlin era una alta sacerdotisa del *vodoun,* nombre original del vudú. Medía cerca de 1.60 de estatura, rellenita, con cabello negro azabache y piel muy blanca, y usaba un vestido negro con un cinturón con el ala de un cuervo grande. Miré a Bob como diciéndole: "Y, ¿¡ ahora qué?!"

La sacerdotisa se sentó en una silla en medio de la habitación y comenzó a jalar su oreja izquierda dejando salir un resoplido tremendo, lo cual explicó era con el fin de aclarar sus senos nasales. *Dios nos ayude,* pensé. Bob, percibiendo mi ansiedad (y sabiendo lo que yo era capaz de decir), me dio un codazo en las costillas. No juzgo a nadie, a menos que las personas que se suponen que son nuestros maestros piensen que deben actuar de forma extraña.

Devlin comenzó a explicar que el vudú era una práctica religiosa muy antigua y que había existido en África desde antes de que la historia escrita hubiera comenzado. Sus seguidores creen que todo en la naturaleza lleva energía (parecido a los que creen los wicanos), y que la religión trata con los espíritus de los muertos.

Prosiguió diciéndonos que el vudú no era solamente lanzar maldiciones, por el contrario, se había impregnado del cristianismo, especialmente del catolicismo. De hecho, cuando el alto sacerdote o la alta sacerdotisa realizan una ceremonia, no es inusual ver una estatua de Jesús o de la Virgen María, así como un altar a alguna deidad espiritual. Los espíritus que poseen a una persona, de los cuales Devlin dijo que había muchos, conducen la mente del recipiente, lo que para mí se opone abiertamente a la verdadera posesión. Dicha entidad parece solamente conducir la mente para que el anfitrión simplemente asuma la personalidad del espíritu.

Interrumpí a Devlin para preguntarle sobre las maldiciones; me contestó con evasivas pero dijo algo que jamás olvidaré: la fe es algo muy poderoso, y si las personas sienten que han sido maldecidas, comienzan a manifestar su propia profecía. No hizo ningún comentario referente a zombis excepto para decir que había visto a algunos que se parecían a los individuos que habían pasado por una lobotomía.

Devlin continuó con su charla, diciendo que la Estrella de cinco picos de Salomón se usaba como protección, así como el sacrificio de un pollo cortándole el pescuezo y dejando que su sangre se derramara gota a gota formando un círculo (lo que nos recuerda a los sacrificios bíblicos que a menudo se ofrecían a Dios en el Antiguo Testamento).

Toda la religión vudú se basa en realidad en la protección y la ayuda de Dios o de espíritus divinos para pedir lo que la gente desea.

Pienso que la histeria y aquello de los "tambores que suenan toda la noche" dieron origen a ejecuciones raras de parte de los practicantes del vudú, pero en mis estudios he descubierto que esta religión ha sido recriminada por sus maldiciones o maleficios (tales como hacer que la gente se enferme). Los adeptos al vudú creen en las maldiciones y realizan ceremonias complejas para liberarlas, pero, ¿es esto tan distinto a los exorcismos practicados por los católicos?

El vudú se practica ampliamente en Brasil, Haití y en muchos países de Suramérica. Uno de los objetivos primarios es liberarse del diablo (o de la maldad) y alinearse con Dios o con los espíritus divinos con fines de protección. Por supuesto que por medio de la medicina moderna, podemos tratar a las personas inestables mentalmente que escuchan voces (síntoma frecuente de la esquizofrenia) con medicinas y terapia, pero una persona que ha sido diagnosticada con esta enfermedad también puede curarse a través de una alta sacerdotisa del vudú.

La mente es un instrumento poderoso de sugestión, que no solamente carga el negativismo de esta vida sino también los traumas de las vidas pasadas. ¿Quién puede decir que si la vida es como un disco fonográfico, y la aguja se desliza en otra ranura, que una regresión a vidas pasadas o un exorcismo no pueden remover una conducta del pasado?

Devlin terminó su charla y todos nos despedimos de beso y nos fuimos. La semana siguiente, nuestro grupo esperó y esperó a Devlin, pero nunca llegó. Bob dijo: "Bueno, no los desilusionemos," y anunció que yo daría consultas psíquicas cortas para todo el mundo. Decidí que tan pronto saliéramos, lo sometería a torturas o haría su vida miserable. El caso es que di unas 30 rápidas consultas psíquicas y todo el mundo quedó feliz.

Cuando iba saliendo, John Paul (quien era casi como un santo o un ángel) me abrazó y me dijo unas palabras que todavía resuenan en mi mente: "Sylvia, tus habilidades provienen de Dios. Muchas personas no lo entenderán así, y hay muchas formas de ser crucificado."

Esto ocurrió en los sesenta, en esa época no había forma de que yo comprendiera todo el ridículo, el criticismo y el menosprecio por el que tendría que pasar. Todavía me suceden cosas así, pero ahora soy más fuerte y dejo que me resbalen; sin embargo, he sido un objetivo fácil debido a mis talentos y creencias durante demasiado tiempo. Como me dijo John Edward una vez: "Sylvia, tú labraste el arado para todos los que llegamos después de ti." Quise decirle: "No tienes idea," pero como dice el viejo refrán: "Lo que no me mata, me fortalece." Lo que hago a veces puede parecerle misterioso a algunos, pero siempre he sido yo misma, confío en Dios y sigo adelante.

(Como nota al margen, Devlin se apareció en la tercera visita, pero los participantes deseaban que yo siguiera con mis consultas psíquicas. Entonces, para no causar fricción ni celos de parte de Devlin, Bob y yo nos excusamos y nunca regresamos.)

En conclusión, permítame decirle que la religión del vudú ha sido muy mal comprendida. La mayoría de las personas la practican en combinación con el catolicismo y es muy espiritual, y también es practicada por personas muy supersticiosas, lo cual, obviamente, aumenta la atracción y la fe de algunos practicantes. Como en todas las creencias, el vudú tiene su lado hermoso y maravilloso, así como un aspecto oscuro, que ha sido groseramente exagerado.

Astrología

Para algunas personas, la astrología es una forma misteriosa de profecía. Describir una crónica al respecto es casi imposible: mucho antes de la historia registrada, la humanidad observaba la enigmática mezcla celestial de galaxias, estrellas y planetas en busca de respuestas. En alguna parte del camino, los antiguos comenzaron a relacionar la posición de las estrellas y los planetas con el momento del nacimiento de un bebé, lo cual se convirtió en la *carta astral*.

Los asiáticos parecen haber sido unos de los primeros en convertir la astrología en un tipo de ciencia. Ellos iban religiosamente a ver a sus astrólogos casi al instante del nacimiento de su hijo para ver qué había en su futuro, cómo podían dirigirlo e incluso qué debía evitar en su vida.

Con la difusión del cristianismo, la astrología tuvo que pasar a la clandestinidad, solamente para salir a flote en las cafeterías (y en los cuartos traseros) del mundo occidental. (No ocurrió así en China y Japón, en donde hasta el día de hoy florece y aparentemente no choca con ninguna creencia religiosa.)

A partir de las configuraciones matemáticas de la carta astral, los astrólogos comienzan a formular cuáles planetas aparecen en el momento del nacimiento, dividiéndolos en doce casas para determinar, no solamente la personalidad del individuo, sino también para seguir el progreso de la carta cada año en donde los planetas podrían representar un papel y ver cómo puede afectar la vida de una persona.

Las diferentes configuraciones natales en el cielo comenzaron a asumir las partes que componen lo que las estrellas representan. Por ejemplo, si uno nacía bajo el signo de Tauro, era terco como un toro; una persona de Libra era vista como alguien tan equilibrado como las básculas de la justicia; Virgo era puro como una virgen; Sagitario era temerario y extrovertido como un arquero; Leo era orgulloso y majestuoso como un león; Capricornio era firme y estable como una cabra; Acuario de suave andar y artista; Cáncer era tan tenaz y amante del hogar como un cangrejo; Géminis tenía doble personalidad, como los gemelos: Aries era feroz y testarudo como un carnero; Escorpión era intenso y tenía un aguijón mortal y Piscis era profundo, psíquico, y se sumergía en sí mismo como un pez.

Llegué a escribir un libro sobre astrología que estaba lleno de hechos reales (*Astrology Through a Psychic's Eyes*), pero también estaba lleno de humor e ironía. Recibí muchas críticas por decir que las personas nacidas bajo el signo de Tauro podían ser aburridas, era una broma, pero muchos taurinos se ofendieron... y comenzaron a aburrirme diciéndome lo equivocada que estaba. (¡Por el amor de Dios, taurinos, yo soy Libra y estamos gobernados por el mismo planeta: Venus!)

Me gusta la verdadera astrología cuando es muy específica: no le doy mucha importancia a decir generalidades, porque eso no es individualizado. No obstante, los verdaderos astrólogos que he conocido me han convencido de que también ayuda a incrementar sus habilidades psíquicas y es un vehículo para desarrollar más el sexto sentido.

Chamanes

Un chamán está por lo general relacionado con los sabios nativos americanos (pero muy raramente con una *mujer* sabia). Es una persona, no muy distinta a los sacerdotes modernos, que escucha las transgresiones de los miembros de la tribu y ofrece consejos. En el pasado, los chamanes también eran conocidos por usar pociones para realizar curaciones y librarse de los malos espíritus que creían eran los causantes de las enfermedades, para ello usaban sonajas, humo, plumas, semillas e incluso piel de serpientes. También podían predecir el futuro, tanto para individuos como para toda la tribu.

Sé que es cierto lo que se dice que si una persona cree, ya se ha realizado la mitad de la cura, pero he visto sanaciones notables en África realizadas por doctores brujos (semejantes a los chamanes de los indios nativos americanos). De hecho, cuando los emigrados en África se enferman, se sienten más propensos a llamar a un médico brujo que a un médico tradicional. Por desdicha, este tipo de sabios antiguos parece estar en vías de extinción, pero todavía tienen su lugar en ciertas tribus y parecen muy importantes para el bienestar de su comunidad. También poseen la habilidad de entrar en trance (por sus propios medios o usando algún tipo de alucinógeno) y parecen ser capaces de viajar al futuro y regresar con conocimientos avanzados. Personalmente, no creo que tengamos que usar ningún tipo de sustancia para ver el futuro, pero, ¿quién soy yo para conocer o comprender lo que funciona para los chamanes? Lo que sí sé es que jamás usan drogas con fines recreativos, más bien las usan con moderación en ceremonias sagradas y con fines de obtener conocimientos. Esa fue la razón para la cual se diseñó originalmente el LSD...; luego las personas comenzaron a usarlo para divertirse y "se quemaron el cerebro". No obstante, debemos respetar el conocimiento de los antiguos y no tratar de copiar algo que ignoramos física, mental y espiritualmente.

22

Enigmas del universo

Tomemos un momento aquí para explorar unos cuantos misterios que han confundido a los científicos cuando se han dedicado al estudio de nuestro siempre fascinante universo, incluyendo nuestro amado planeta.

Agujeros negros

Desde que fueron descubiertos, los agujeros negros han despertado la curiosidad de los científicos. El gran físico Stephen Hawking ha escrito bastante sobre esta anomalía, pero me gusta la sencilla explicación de Francine, que dijo ante un grupo que estaba explorando ciertos misterios del universo. (Definitivamente, soy investigadora no física, pero entiendo claramente que el Más Allá está en una vibración más elevada o va a una velocidad más rápida que nosotros, y que nosotros somos el mundo de la transición y la antimateria. Sin embargo, nunca llegué a entender el concepto de los agujeros negros hasta que Francine lo explicó.)

Dijo, primero que todo, que un agujero negro es como la máquina aspiradora del universo. Una estrella explota (o se desploma hacia dentro) y crea un tipo de cráter en la atmósfera, perforando el velo del universo y convirtiendo todo a su alrededor en una apertura tipo túnel, que luego aparece en un universo paralelo. En otras palabras, hay universos que respaldan al nuestro, lo cual es posiblemente la razón por la que descubrimos siempre nuevas estrellas o planetas.

Enseguida, el grupo le preguntó a Francine cómo encuadra todo esto con el esquema divino, y respondió que hay planetas en todo el universo que están siendo impelidos a través de agujeros negros para apoyar la vida y para que otras personas puedan visitar o reencarnar. En el caso de algunos agujeros, también es una manera de deshacerse de viejos planetas que se han convertido en desechos, siendo así tanto una forma de crear nueva vida como de deshacerse de la vieja basura inútil, lo cual me suena como limpiar una casa o mudarse a otra residencia. Dios siempre mantiene el orden en este inmenso hogar que llamamos nuestro universo.

Francine dice que existen 44 universos; no creo que eso nos concierna, es solamente información. (Nuestra cabeza podría dar vueltas al pensar en una infinidad de universos relacionados.) Francine dice que nunca dejamos nuestro propio cosmos, pero podemos visitar otros cuando estamos en el Más Allá. Muchos poseen distintas configuraciones, algunos de los planetas contienen vida mientras que otros no (igual que nuestro propio universo) pero, de todas maneras, Dios todo lo supervisa.

Lo más grandioso de ir al Más Allá es que jamás dejamos de investigar y de buscar cosas nuevas respecto a la magnitud de la creación de Dios. Esta es también la razón por la cual es tan errónea la teoría del bing bang o de la gran explosión: al igual que nosotros, el universo siempre ha existido, quizá al inicio porciones de él no estaban listas para la vida (como en el caso de la Tierra), pero siempre *estuvo aquí*. Los científicos sin base espiritual (lo cual no es su culpa, así fueron entrenados) tienen que deducir algún tipo de explicación plausible como la teoría del bing bang, pero, ¿por qué es tan difícil creer que si Dios siempre ha existido, así ha sido con todo lo que ha sido creado por Él? Si no fuera así, Dios sería imperfecto, y esto no solamente es falso sino ilógico.

Todo esto hace que me detenga a pensar, que cuando llegue al Hogar, puedo explorar lo que ahora son misterios para nosotros, pues en el Más Allá ya no lo serán. Puede hacernos sentir pequeños... hasta que recordamos que jamás somos pequeños ante los ojos de Dios, porque Él nos conoce a cada uno de nosotros según el progreso de nuestras almas, nuestros nombres y nuestro destino.

La inclinación de los polos

Aproximadamente cada 15,000 años, la Tierra pasa por lo que llamo *inclinación de los polos*, cuando el eje del planeta varía hasta un punto en el cual las polaridades magnéticas cambian y se mueven. En la actualidad, puede haber y hay gran agitación en los océanos y las masas terrestres del mundo. La última vez que ocurrió una inclinación de los polos fue cuando se destruyó la Atlántida y ocurrió el "diluvio universal" descrito en la Biblia y en otros textos religiosos e históricos.

Una inclinación de los polos afecta la población animal del planeta así como su clima. Por ejemplo, según saben los geólogos, el Sahara fue una vez una región muy fértil de la Tierra, y hoy en día en uno de los lugares más áridos que conocemos. Creaturas que han seguido rutas migratorias por cientos de años, ahora están confusas; vemos, por ejemplo, que las golondrinas cada vez regresan menos a Mission San Juan Capistrano, al sur de California, en donde solían aparecer cada 19 de marzo sin falta. También veremos cada vez más y más animales marinos encallar en la arena, como esas ballenas en California que, sin razón aparente, parecieron haberse perdido y murieron no hace mucho, por más que los biólogos marinos trataron de salvarlas. Incluso, cuando lograron retornar al mar algunas de las ballenas, con la ayuda de voluntarios, se regresaban y encallaban en la arena de nuevo. ¿Querían morir juntas o estaban convencidas de que iban en la dirección correcta porque su percepción de la topografía había cambiado de alguna manera?

La inclinación de los polos es también la razón de los extraños cambios en el clima. Ahora mismo, algunas áreas del mundo disfrutan de temperaturas muy agradables, mientras que otras pasan por condiciones muy duras, casi lo opuesto de lo que debería ocurrir en los distintos periodos del año. Aparte del efecto invernadero, afectará mucho el cambio en el clima y desastres naturales más intensos como terremotos, erupciones volcánicas y la elevación y derrumbamientos de masas de tierra. Los californianos serán gravemente afectados, en unos 20 ó 30 años habrá gran agitación de las masas de tierra (aunque la inclinación de los polos de por sí durará más tiempo) y en el Atlántico se elevará la tierra. A pesar de la pérdida de vidas y los enormes desastres, la humanidad sobrevivirá, como siempre.

La teoría de la Tierra hueca

Durante muchos años, libros tales como *Viaje al centro de la Tierra* de Julio Verne sopesaron la teoría de que la Tierra no solamente era hueca, sino que, además, contenía toda una civilización bajo su superficie. Los partisanos de esta teoría son ciertamente una minoría. En cuanto a lo que concierne a las ideas de los geólogos tradicionales, la mayoría de los científicos dice que nuestro planeta tiene un centro sólido de hierro rodeado de metal derretido; y no es mi intención destruir las fantasías de nadie, pero tiendo a estar de acuerdo con esta premisa. Según todas las investigaciones realizadas (libros, regresiones hipnóticas y Francine), jamás he conocido a nadie que haya vivido en el interior de nuestro planeta.

Aquellos que han propuesto teorías respecto a la tierra hueca han sido catalogados como chiflados, ardientes "confabuladores de conspiraciones", fanáticos de OVNIS y otros términos descriptivos de la misma naturaleza. No sé si llegaría tan lejos, pues siempre he sido de alguna manera controversial y he insinuado algunas teorías e información extraídas de mis propias investigaciones que se oponen abiertamente a todo lo convencional. Siempre he tratado de tener la mente abierta en medio de mi escepticismo, pero tendrían que convencerme de que esta teoría es correcta.

Un OVNI.

23

Abducciones por extraterrestres

No estoy segura cómo me siento respecto a las abducciones por extraterrestres. Me ha costado mucho creer que alguien que visite nuestro planeta pudiese desear hacernos daño, si pueden llegar aquí, es seguro que podrían perjudicarnos mucho, pero no lo han hecho. Sin embargo, puesto que han habido innumerables reportes de abducciones y he vivido el tiempo suficiente como para no dar nada por descontado, sólo me resta creer que en verdad algunas personas han sido llevadas a bordo de una nave espacial extraterrestre.

¿Por qué escogen a unas personas más que a otras? Creo que podría decir lo mismo en mi caso, ¿por qué una chica de Kansas City sería una psíquica?, o, ¿por qué, en ese caso, habría un Pavarotti o un Picasso? Creo que algunos individuos son simplemente mejores receptores que otros.

Por ejemplo, Betty y Barney Hill estuvieron entre los primeros secuestrados que llegaron a ganar notoriedad en la prensa e incluso se realizó una película sobre sus experiencias. Ellos no recordaban nada, excepto haber perdido conciencia del tiempo, hasta que bajo hipnosis pudieron contar con lujo de detalles los experimentos a los que fueron sometidos por los extraterrestres que los secuestraron.

En estos días, escuchamos hablar de implantes, bebés, prácticas sexuales y todo tipo de situaciones supuestamente extraterrestres, desde Roswell hasta Arkansas. La mayor parte de estas cosas parece ocurrir en áreas rurales, y los informes parecen ser todos muy parecidos. Aparecieron luces brillantes y luego perdieron conciencia del tiempo, después la persona comienza a mostrar síntomas de depresión, ansiedad, sueños terribles y amnesia parcial. El uso de hipnosis parece aliviar el estrés de estos extraños sucesos.

He hablado con muchos pilotos, algunos de los cuales están retirados, a quienes se les ha prohibido hablar de lo que han visto bajo la amenaza de quitarles los beneficios de sus pensiones. No pienso necesariamente que se trate de una conspiración del gobierno (aunque ellos saben mucho más de lo que nos dicen), sino que más bien es producto del miedo de que exponer esta información podría hacer que el país, o el mundo, entrara en pánico.

Personalmente, pienso que el gobierno de los Estados Unidos subestima nuestra inteligencia. Solía pensar que me gustaría que unos OVNIS aterrizaran al frente de la Casa Blanca a plena vista pero, ¿quién puede asegurar que no tratarían de derribarlos por miedo, por instinto de protección o por ignorancia? Considere lo siguiente: pienso que los extraterrestres tienen toda la razón en no confiar en que el mundo los acogería con los brazos abiertos sino con armas, especialmente en estos días y en esta época.

En 1938, cuando Orson Welles presentó "La guerra de los mundos," su famoso programa de radio sobre la invasión de Marte, había pánico en toda la nación, y en realidad no veo que estemos muy lejos de esa histeria hoy en día. Los humanos siempre hemos temido a lo desconocido, y el gobierno no desea hacer público lo que sabe por miedo a que se desate un caos.

En todo caso, algo de lo que sí puede estar seguro, es lo que he repetido a lo largo de este libro: *definitivamente, no estamos solos en este universo, nunca lo hemos estado y nunca lo estaremos.*

22nd July, 1983 - Andover, UK. Colin Andrews

Un OVNI iluminado por un relámpago.

Quinta Parte

Controversias
cristianas

24
Los estigmas

Este misterio ha existido por casi 2,000 años y parece haber aparecido después de la crucifixión de Jesús.

Los estigmas son una condición en que las muñecas o las palmas de las manos y de los pies (y en algunos casos la parte lateral del cuerpo), comienzan a exhibir cortes profundos o sangrado en áreas relacionadas con las heridas que Jesús recibió en la cruz.

Aunque muchos laicos han sufrido de estigmas, todos ellos parecen haber sido devotos católicos; no hay indicios ni informes de manifestaciones fuera de la religión católica. De hecho, parece que ni siquiera se encuentran referencias de casos de individuos que hayan exhibido las heridas, que se identifican con las que Jesús sufrió en la cruz, en textos que no sean cristianos. Por ejemplo, se dice que San Francisco de Asís y el Padre Pío, el gran sanador y sacerdote, sufrieron de esta "bendita aflicción" (frase católica usada para describir el estigma).

En ocasiones, este fenómeno se acompaña de un estado alterado de conciencia que ha sido llamado "éxtasis" o trance. Los estigmas también se han comparado con la práctica de inflingirse heridas en el cuerpo (tal como la flagelación) como un rechazo a la armazón física en la cual residen sus devotos. Además, se cree que los estigmas son una manifestación de un amor tan grande por Cristo, que las personas desean emular su sufrimiento; parece ser que este fenómeno se evidencia principalmente el viernes, el día que se supone que Jesús murió.

Los estigmas pueden identificarse como un "milagro", o puede ser un tipo de convicción profunda o un estado de devoción que atrae un tipo de autohipnosis. Es un hecho conocido, por muy simple que suene, que es posible hipnotizar a alguien, decirle que se le está colocando un carbón ardiente en sus manos y, en vez de eso, colocar un cubo de hielo donde luego aparecerá una terrible llaga enconada.

No quiero decir con esto que los milagros no existen, Dios sabe que he visto cientos de ellos en mis 50 años de práctica pero, personalmente, pienso que los individuos con estigma están tan imbuidos en su amor por Jesús, que se causan ese sufrimiento a sí mismos. Todos aquellos que exhiben estas señas parecen ser más espíritu que carne, y nadie que haya tenido esas heridas ha tenido mala reputación; sin embargo, han habido otras personas muy piadosas (como la Madre Teresa) que jamás mostraron señales de este fenómeno. Parece que se trata de un nivel de devoción interior.

Como he dicho antes, los pensamientos se hacen realidad, y no hay duda alguna de que nos convertimos en lo que practicamos, sentimos y pensamos.

25
El Sudario de Turín

Cuando estaba en la escuela primaria St. James, recuerdo vivamente una asamblea en la cual dos sacerdotes nos dieron una presentación muy emocionados, sobre la posibilidad de que alguien había encontrado la sábana de lino que cubría a Jesús en el momento de su muerte. Mis compañeras y yo estábamos atónitas, porque se suponía que el Sudario de Turín era la prueba más absoluta para muchos católicos (yo lo era en ese entonces) de que Cristo había vivido y muerto, según dicen los Evangelios.

Fui a casa y comencé a contarle a mi abuela lo que había visto y oído. Ella miró hacia arriba a la izquierda por un minuto, algo que también hago ahora cuando tengo una sensación psíquica. (Como nota al margen, un psicólogo amigo mío, el doctor William Yarbroff, me dijo después de observarme durante mis consultas psíquicas, que miro a la izquierda de la persona cuando estoy recibiendo información sobre eventos del pasado, hacia el frente cuando

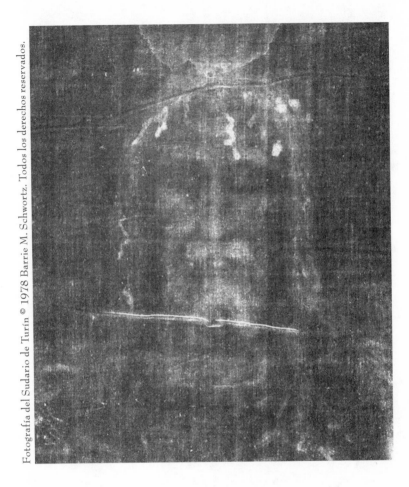

hablo del presente y a la derecha cuando estoy viendo el futuro, casi como si estuviera buscando una visión.)

El caso es que la Abuela Ada miró a la izquierda y dijo: "Bien, no se trata de Jesús. Por un lado, la altura del Sudario de Turín no cuadra. Además, él no fue el único que crucificaron en esa época, innumerables personas recibieron ese castigo." Sabía que mi abuela estaba recibiendo esto psíquicamente, pues ella no poseía información previa sobre el Sudario. De alguna manera quedé desilusionada, pero la conocía bien, igual que sabía lo suficiente de su trayectoria, para

EL SUDARIO DE TURÍN

creer que probablemente estaba en lo cierto.

Parece ser que el Sudario de Turín se alejó de la conciencia cultural por unas cuantas décadas, excepto cuando algunos fanáticos quisieron mantener vivo el misticismo, y luego surgió de nuevo ante el ojo público. El Sudario ha conseguido más titulares de prensa y escrutinio que cualquier otro artefacto cristiano, llevándonos así a la pregunta: "¿Hay alguien que no crea que Cristo existió? O, si existió, ¿podemos probar con toda seguridad que vivió y murió?" Personalmente, no creo que el cristianismo necesite un pedazo de tela para confirmar que un hombre llamado Jesucristo caminó sobre la tierra enseñando amor y paz.

En realidad, hay dos imágenes en el Sudario de Turín que muestran a un hombre de frente y de espaldas, separadas por unos 20 centímetros de tela, que no exhiben ninguna impresión. Los escépticos afirman que si estas imágenes fueran en verdad producto de la energía de un cuerpo, ¿por qué entonces no habría nada más en ese espacio?

Vale la pena anotar que algunos historiadores o teólogos estiman que Jesús medía aproximadamente 1.70 m: la altura promedio en Palestina en esa época; sin embargo, el Sudario representa a un hombre de aproximadamente 1.80 m. También es interesante notar que el Evangelio de Juan dice que cuando Cristo fue ejecutado y supuestamente murió, la ropa con la que había sido enterrado, se había quedado en la tumba... pero, Jesús no estaba.

Algunos científicos creen que en realidad el Sudario fue pintado en el siglo XIV. Después de todo, la primera vez que se supo de su existencia fue en el año 1357, mientras estuvo en posesión de Geoffrey de Charny, un caballero francés que lo exhibió en una capilla privada en Lirey al noreste de Francia. Algunos dicen que este caballero era el heredero de otro Geoffrey de Charny, quien a su vez era uno de los Caballeros Templarios, y había sido ejecutado por la iglesia católica por herejía confiscándole todos sus bienes.

No sobra decir que el Geoffrey más joven era un hombre de medios modestos y jamás dijo de dónde vino el Sudario. Debido a su renuencia a hablar sobre su origen, el obispo Pierre D'Arcis le escribió una carta al Papa Clemente VII diciendo que creía que el Sudario era producto de un diseño realizado por manos humanas, un pedazo de tela pintado con destreza por un hombre. En 1389, el Papa Clemente VII decidió que la tela debía ser considerada una "representación", y no necesariamente un artefacto verdadero.

Si el Sudario fuera en verdad una pintura, explicaría las fallas en la imagen que han incitado algunas preguntas. Por ejemplo, el cabello cae como en una figura que está de pie en vez de una figura recostada; la constitución luce alargada de forma poco natural (como en las figuras de arte gótico); y la "sangre" fluye de forma impecable e irreal (en vez de mezclarse con el cabello, por ejemplo, que cae como en chorros por fuera de los mechones). Deben saber que la verdadera sangre empapa la tela y se riega en todas direcciones, en vez de dejar imágenes que parecen cuadros.

Como si fuera poco, se realizó un examen de la "sangre" en 1973, como parte de una comisión especial de científicos y eruditos, incluyendo al distinguido microanalista Walter McCrone. El doctor McCrone encontró que no había evidencia de sangre, pero que *sí había* evidencia de pintura, y anunció con presteza que el Sudario era falso. No obstante, el problema no terminó ahí, pues los hallazgos del doctor McCrone fueron disputados por otros científicos, que dijeron que la imagen sí contenía sangre, incluso la clasificaron como tipo AB. Estudios adicionales han hecho que la mayoría de la comunidad científica se incline hacia los que creen que la sangre en la imagen es real; la mayoría refuta ahora la teoría de la pintura.

En enero de 1996, un descubrimiento realizado por el médico Leoncio A. Garza-Valdes y el doctor Stephen J. Mattingly, incitó un nuevo debate respecto al Sudario. Estos doctores descubrieron una capa de bacteria y de hongo, semejante a un recubrimiento de plástico, en las fibras de las muestras que decían que habían encapsulado las pruebas de 1988. Aseveraron que estos contaminantes hacían que la prueba del carbono 14 fuera sospechosa, y que el Sudario de Turín era mucho más antiguo de lo que las pruebas indicaban. (La prueba de la fecha del carbono 14, realizada en la tela por tres laboratorios distintos, había indicado que el Sudario databa de un tiempo entre los años 1260 y 1390.)

Este último descubrimiento ha provocado una nueva tormenta sobre la verdadera fecha de origen del Sudario, pues los escépticos dicen que representa una diferencia muy pequeña, mientras que los defensores dicen que la preponderancia de la evidencia indica que, en verdad, se trata de la sábana que cubrió a Jesús en el momento de su muerte. La prueba de edad del carbono 14 sigue siendo una controversia irresoluta, pero la mayoría de los científicos creen ahora en sus descubrimientos, hasta que no sea probado lo contrario. Sin embargo, La historia del Sudario es otro tema controversial, así como el mismo lino y no se sabe si la imagen es en verdad la del rostro de Cristo. Exploremos estos tópicos uno por uno.

Me parece asombroso que esta reliquia tan magnífica haya podido estar resguardada del público durante tanto tiempo; ¿quién la tenía, y por qué a nadie se le escapó ni una palabra acerca de que esta pieza invaluable del cristianismo estaba prácticamente disponible para todos? Los cínicos dicen que no existe una historia sobre el origen del Sudario, aparte de que fue puesto en exhibición por primera vez en el siglo XIV; mientras los creyentes dicen que es obvio que *existe* una historia, que ahora está a punto de salir a la luz. De acuerdo con ellos, el Sudario es lo que los primeros historiadores llamaron el Lienzo de Edesa. Esta tela fue encontrada en una pared en Edesa (actual Macedonia) en el año 544 y permaneció en la ciudad hasta 944; luego, fue trasladada a Constantinopla, en donde la encontraron los miembros de las cruzadas al saquear la ciudad en 1204. Luego, desapareció hasta 1353; ¿se supone que estuvo escondida todo ese tiempo?

El Lienzo de Edesa, también conocido como el Santo Mandylion, representaba un retrato de Jesús. Los creyentes dicen que se trataba del Sudario de Turín doblado de forma tal, que solamente se veía su rostro. También hay otro pedazo de tela conocido como el Sudario de Oviedo, que supuestamente es la tela que cubrió el rostro de Jesús en su entierro. Las manchas de sangre del Sudario de Oviedo lo conectan con el Sudario de Turín, en cuanto la evidencia forense demuestra que la sangre del Sudario de Turín es del mismo tipo (AB) de la del Sudario de Oviedo. La historia del Sudario de Oviedo no ha sido puesta en cuestión y se ha comprobado que data de la época de Jesucristo.

Además, los expertos en botánica y polen, los doctores Avinoam Danin y Uri Baruch, han descubierto en el Sudario de Turín, granos de polen e imágenes de flores nativas del área de Jerusalén. Adicionalmente, otros científicos declaran que el tipo de tejido es muy similar a los tipos encontrados en y alrededor de Jerusalén en el siglo I, particularmente a las telas descubiertas en la fortaleza de Masada. Otros han descubierto en el Sudario rastros de tierra y de polvo de piedra caliza oriundos de Jerusalén y de sus alrededores.

Finalmente, mientras los creyentes dicen que el Sudario de Turín es la sábana con la que Jesús fue enterrado, los escépticos afirman que incluso si se descubriera que en verdad data del siglo I, ¿qué le haría creer a la gente que se trata del rostro de Cristo? Señalan acertadamente que la imagen es solamente la de un hombre con heridas que indican que fue crucificado, lo cual, como dijo mi abuela, era el castigo estándar para los criminales en la época del gobierno romano en el siglo I, en Jerusalén. Los incrédulos dicen que podría tratarse de *cualquier* delincuente, no necesariamente de Jesús.

Pienso que una vez que todo se haya dicho, es cuestión de creencia y de fe..., por lo menos, así me gustaría que fuera. Pienso que el Sudario de Turín es una representación y no una verdadera reliquia, pero no que eso debería cambiar un ápice nuestra fe en Jesús. En mi casa tengo cruces por todos lados y, ciertamente, no creo que son partes de la verdadera cruz en la cual Jesús fue crucificado, pero al igual que el Sudario, mis cruces me recuerdan que Jesús caminó sobre la tierra y murió en una de ellas, como lo hicieron muchos otros en los tiempos de los romanos.

Siempre recuerdo lo que la Abuela Ada solía decir: "Parece que lo único que recordamos de Jesucristo es que tuvo una muerte agonizante". Tiendo a estar de acuerdo con ella, después de todo, ¿qué pasa con el Cristo feliz, con sus enseñanzas y con sus sanaciones? Parece que sólo recordamos la terrible tristeza. (Muchos años después de la muerte de mi abuela, Francine me dijo que Jesús sentía que sus enseñanzas habían sido olvidadas y que la gente solamente recordaba su sufrimiento y su muerte.)

Creo que el Sudario de Turín fue una pintura (muy posiblemente realizada con sangre) que tenía la intención de representar la muerte de Jesús. Después de todo, su crucifixión fue un evento que inspiró muchas obras de arte, pero que una persona, muy creativa en particular, deseaba capturarlo de manera original en tela.

Por último, deseo anotar que la iglesia católica ha decidido por el momento suspender todas las investigaciones con carbono 14 para datar el Sudario, lo cual me parece extraño. Si creen que es auténtico, ¿por qué no abrir la puerta a todas las investigaciones?

La fe permanece en el corazón y en la mente del observador, por eso creo que lo que sea que le brinde paz o reafirme sus conocimientos, por el amor de Dios (en el sentido literal de la frase), tome ese camino. Como he dicho antes, no importa lo que yo crea si *usted* piensa que el Sudario es real, y eso lo hace sentir más espiritual o con más fe, entonces, cada cual con lo suyo. Estoy segura de que este tema será motivo de controversia durante muchos años, pero siempre y cuando la iglesia católica siga bloqueando las investigaciones, nada será probado. No obstante, si creemos que lo es, entonces puede serlo.

26

El Santo Grial y el Espíritu Santo

Historiadores y escritores han sugerido que un grupo de escritores, científicos y artistas de fama notoria, incluyendo a Walt Whitman, Víctor Hugo, Arthur Conan Doyle, Isaac Newton, Sandro Botticelli y el gran Leonardo da Vinci, eran no solamente creyentes ávidos en la reencarnación sino, además, miembros de sociedades secretas tales como: el sagrado Priorato de Sión, los Caballeros Templarios, o los Masones.

De hecho, no muchas personas son conscientes de que además de ser un gran pintor, Leonardo da Vinci era una especie de profeta, aunque no tanto en sus escritos como en sus bosquejos. Le recomiendo que investigue sus fantásticos conocimientos sobre la tecnología y la estructura del cuerpo humano pues, mucho antes de que la ciencia y la medicina se pusieran al día con sus conocimientos, él había realizado bosquejos de máquinas voladoras, cohetes, máquinas bélicas y automóviles, así como dibujos finamente detallados de músculos, tendones, órganos y otras partes del cuerpo. Él se adelantó a su época, y no sería hasta siglos más tarde que lo que él dibujó se convertiría en realidad.

Leonardo también conocía el Santo Grial, dónde estaba y qué era. Los libros: *El enigma sagrado* de Richard Leigh y *Legado mesiánico* de Michael Baigent, tratan superficialmente este tema, pero la novela de Dan Brown llamada *El código Da Vinci* lo profundiza por completo. La mayoría de los gnósticos (a los cuales se dedica mi iglesia) hemos tenido siempre el conocimiento de esta información "secreta", pero los rosacruces la guardaban furiosamente porque el conocido mundo del cristianismo la habría señalado como la peor de las herejías.

Ahora que la información sobre el Santo Grial está saliendo a la luz, nosotros los gnósticos sentimos cierta euforia respecto a que se conozca la verdad sobre el cristianismo. Esta es la razón por la cual mucho antes de que se publicara *El código Da Vinci*, le dije a mi editorial que deseaba escribir sobre la Madre Divina y descubrirla de una vez por todas, sin importar lo controversial que esto pudiera ser.

Debe saber que los miembros de las cruzadas sabían que no había en verdad ningún grial (o un cáliz como tal); más bien, lo que había era un *poseedor* del conocimiento sagrado, el vientre de la humanidad. Incluso los primeros cristianos que sabían esto, permanecieron en la clandestinidad para evitar la persecución de la iglesia católica. Algunas bibliotecas francesas poseen mucha información sobre este tema, pero después que *El enigma sagrado* fuera publicado, cerraron sus puertas a otras investigaciones. (También es interesante notar que *El código Da Vinci* se desarrolla en su mayor parte en Francia.)

Tan preocupados estaban por el lado paternal del cristianismo que fingían ignorar lo que Leonardo da Vinci sabía respecto al Grial, y muchas personas fueron asesinadas misteriosamente porque poseían ese conocimiento. No obstante, tal como Dios dispone, solamente podemos mantener enterrada la verdad hasta que la Madre Divina se eleve y restablezca un cristianismo más compasivo y más bondadoso. Ahora se está evidenciando que tiene que haber dos partes.

Si usted leyó mi libro *Mother God* es probable que comprenda mejor esta información, por mucho tiempo enterrada y presuntamente misteriosa, la cual se conocía desde mucho antes del nacimiento de Cristo, pero fue suprimida por hombres que pensaban que desfiguraba al cristianismo. Cómo podría ser esto posible, no se me ocurre, a menos que solamente se deseara reafirmar el control patriarcal, y el hecho de que estos hombres tendrían grandes problemas tratando de explicar por qué escondieron esta información durante todos esos años.

Dan Brown también escribió otro libro poderoso que toca este tema llamado *Ángeles y demonios*. Si usted lee a profundidad los Rollos del Mar Muerto, descubrirá que María también era famosa por canalizar información, otro hecho que parece haber sido ocultado y solamente conocido por los esenios (precursores de los gnósticos)... Es sólo cuestión de tiempo antes de que la Madre Divina y el "Santo Grial" sean del dominio público.

El Espíritu Santo

Cuando estaba en la escuela católica y nos persignábamos, lo hacíamos en nombre del Padre, del Hijo y del Fantasma Sagrado. (Nota de la traductora: Traducción literal para comprensión del contexto). Luego, muchas personas comenzaron a cambiar *Fantasma* por *Espíritu* (supongo que creyeron que las palabras *Fantasma Sagrado* sonaban demasiado esotéricas).

El caso es que ha habido mucha controversia respecto a las tres personas en un solo Dios. Dicen que San Patricio usó un trébol (que todavía vemos en platos, anillos y demás artículos irlandeses) para intentar explicar la Trinidad, diciendo que eran tres entidades separadas que pertenecían a un mismo tallo. Para mí seguía igual de confuso hasta que comprendí que la tercera persona de la trinidad era en realidad la Madre Divina.

Algunas personas creen que el Espíritu Santo era el amor entre el Padre y la Madre que hizo que naciera el Hijo. Lógicamente, esto tiene más sentido cuando observa que la iglesia intentaba aniquilar el principio femenino. Tenemos al Padre, a la Madre y al Hijo, quien se origina de la divinidad del Dios masculino y de la Diosa femenina. Así es que la primera iglesia decidió nombrar simplemente a la Madre Divina como "Fantasma Sagrado."

El símbolo del Espíritu Santo de la paloma surgió porque esta ave fue observada sobre la cabeza de Jesús. De ahí en adelante, la paloma fue usada como símbolo del Espíritu Santo, que por supuesto significa paz, pero no tiene nada que ver con la Madre Divina.

No quiero bajo ningún motivo que usted piense que tiene que cambiar la manera de persignarse, solamente le ofrezco una visión de la historia y su mente lógica y su corazón le dirán el resto.

27
Los años perdidos de Jesús

Este tema ha provocado mucho debate y conjeturas a lo largo de los años. Sin embargo, en este capítulo no deseo hablar solamente sobre los años perdidos de Jesús antes de que comenzara su vida pública. También deseo ofrecer información, ampliamente conocida por nuestro ministerio, sobre la forma en que Jesús pasó sus días después de haber sido crucificado.

La vida de Jesús entre los 12 y los 30 años

La Biblia describe a Jesús a sus doce años ayudando a su padre adoptivo, José, quien, al contrario de la creencia popular, no era un pobre carpintero sino un acaudalado fabricante de muebles. De hecho, tanto María como José provenían de la realeza, José venía de hecho de la Casa de

David, y eran altamente estimados en la sociedad de Judea. (Adelántandome un poco con el fin de comprobar mi teoría, ¿por qué cree que a Cristo lo invitaban a los mejores hogares, y lo buscaban tanto los ricos como Lázaro? ¿Quién pagó por la Última Cena? Y, ¿ por qué invitaban a Jesús a las bodas? Ciertamente, en la sociedad de Judea los campesinos humildes jamás eran invitados a dichos eventos. Además, la túnica de Cristo era de una tela tan fina que cuando fue crucificado, los soldados romanos "echaron suertes" para ver quién se quedaba con ella, es decir, apostaron para obtener su túnica.)

La Biblia luego pierde el rastro de Jesús hasta que aparece de nuevo en Jerusalén, a la edad de 30 años. Hace muchos años, Francine me dijo que Jesús se había ido porque no quería casarse y porque deseaba estudiar otras culturas. También me dijo que en 1890, un periodista ruso llamado Nicholas Notovitch estaba convencido de que Cristo había viajado, y posiblemente estudiado, en la India.

Nuestro grupo decidió entonces leer *La vida desconocida de Jesucristo* de Notovitch, libro hasta entonces desconocido por nosotros, y descubrimos que el autor había sido atacado y ridiculizado numerosas veces por teólogos e historiadores y que, a raíz de eso, había sido condenado al ostracismo. (Mmm... esto me suena familiar.)

En su libro, Notovitch menciona un texto tibetano llamado *La vida de San Isa: El mejor de los hijos del hombre,* del que había escuchado hablar cuando estuvo en un monasterio budista. De acuerdo con su obra, Cristo salió de Jerusalén con un grupo de mercaderes a la edad de 14 años, cuando se suponía que la mayoría de los hombres se casaba, y se dirigió hacia la India. (En mis investigaciones, he encontrado descripciones comparables a estos viajes. Dependiendo de la cultura, Jesús ha sido llamado: "Issa," "Isa," "Yuz Asaf," "Budasaf," "Yuz Asaph," "San Issa" o "Yesu.")

Notovitch quedó asombrado ante el paralelo de las enseñanzas y el martirio de "Isa" y la vida de Cristo, incluyendo su crucifixión. La historia de San Isa lo describe llegando a la India y estableciéndose entre los Aryas, en el país "amado por Dios."

Isa fue entonces a Djagguernat (en el país de Orsis), en donde los sacerdotes brahmanes le enseñaron a entender los Vedas, a curar las enfermedades físicas por medio de la oración, a enseñar las escrituras sagradas, a sacar los malos deseos del hombre y a semejarse a Dios. Durante seis años, Isa residió en otras ciudades sagradas de la India, viviendo y amando a las clases menos favorecidas, y uniéndose a ellas contra la opresión de las clases favorecidas.

Muchos escritos, recientes y antiguos, le hacen coro a la teoría de Notovitch, así como el Evangelio de Acuario y algunos de los Rollos del Mar Muerto. *Los años perdidos de Jesús* por Elizabeth Clare Prophet, *The Jesus Mystery* por Janet Brock, y *Jesús murió de viejo* por Holger Kersten, indican que Cristo no era desconocido por los místicos orientales: Él vivió allí, aprendió las enseñanzas antiguas y regresó a Palestina todavía más iluminado. Tenga en cuenta que en las enseñanzas de Cristo, incluso en sus Bienaventuranzas, hay un sabor oriental muy disímil al dogma estricto del Sanedrín, que era la base de la fe Judaica. Él pregonaba la amabilidad, el cariño y el sendero de la virtud; al mismo tiempo que nos traía la nueva consigna de un Dios amoroso y cariñoso, en vez de un Creador combatiente y vengativo que favorecía a sus predilectos.

Luego, Jesús emigró del hinduismo al budismo. Aprendió el lenguaje pali y estudió las escrituras sagradas del budismo, lo que le permitió explayarse en los rollos sagrados. Holger Kersten realizó muchas investigaciones que corroboran lo que Francine nos dijo hace muchos años: que Cristo también había estado expuesto a las enseñanzas budistas en Egipto. (Debemos recordar que después de su nacimiento, María y José viajaron al Medio Oriente con Jesús, y Francine dice que se quedaron allí mucho más tiempo de lo que indican los registros bíblicos.) Kersten dijo que la mayoría de los eruditos reconocen que en Alejandría existían escuelas budistas mucho tiempo antes del nacimiento de Cristo.

Jesús también es mencionado en la obra histórica persa llamada *Rauzat-us-Safa*, escrita por Mir Muhammad Bin Khawand en 1417 d.C.:

Jesús (la paz sea con él) fue llamado el "Mesías" porque era un gran viajero. Usaba una bufanda de lana en su cabeza y una túnica de lana sobre su cuerpo. Llevaba una vara en su mano; acostumbraba a deambular de país en país y de ciudad en ciudad. Se quedaba a pernoctar en donde cayera la noche. Se alimentaba de vegetales de la selva, tomaba agua de la selva y viajaba a pie. Sus compañeros, en uno de sus viajes, le compraron una vez un caballo; anduvo un día sobre el caballo, pero como no podía conseguir provisiones para alimentarlo, lo regresó. Peregrinando desde su país, llegó a Nasibain. Con él estaban unos cuantos de sus discípulos a quienes envió a la ciudad a predicar. Sin embargo, en la ciudad había rumores erróneos e infundados acerca de Jesús (la paz sea con él) y su madre. Por lo tanto, el gobernador de la ciudad arrestó a los discípulos y luego mandó a llamar a Jesús. Jesús realizó milagros de todo tipo incluyendo algunas curaciones. El rey del territorio de Nasibain, por consiguiente, con todo su ejército y su pueblo, se convirtieron en sus seguidores.

El *Qisa Shazada Yuzasaph wo hakim Balauhar* (versión urda de *Los hechos de Barlaam y Budasaf*) nos habla de Cristo (o Yuz Asaf) predicando al pueblo de Cachemira y de las áreas circundantes, pidiéndole a la gente ir al reino de Dios, que no era de este mundo. Luego lo vemos de nuevo en el libro *Tarikh-i-Kashmir*, escrito por el historiador Mullah Nadri:

> Durante este tiempo, Hazrat Yuz Asaf había llegado de Bait-ul Muqaddas [Tierra Santa] a este valle sagrado proclamando a todos que era un profeta. Se dedicó día y noche a [la oración] Dios, y habiendo alcanzado el apogeo de la piedad y la virtud, se declaró a sí mismo un Mensajero [de Dios] para el pueblo de Cachemira.

Mullah también afirma claramente que Jesús había nacido en Tierra Santa y se había proclamado profeta de los hijos de Israel, o del pueblo judío. También asevera que las creencias de Cristo eran iguales a las de los hindúes. (Claro que tienen que serlo: nosotros, los gnósticos, vamos más allá del dogma y vemos la verdad de un Dios amoroso con quien podemos identificarnos todos los seres.)

En su libro *La otra historia de Jesús,* el doctor Fida Hassnain cita un manuscrito tibetano que fue traducido de un antiguo documento chino llamado *Historia de la religión y las doctrinas: El espejo de cristal,* que contiene información sobre Jesús. Encontramos a continuación unas porciones relevantes:

> Yesu, maestro y fundador de la religión, nacido de forma milagrosa, se proclamó a sí mismo Salvador del mundo. Le pidió a sus discípulos que observaran los diez votos [Los diez mandamientos], entre los cuales se prohíbe matar y se incita a la consecución del gozo eterno a través de las buenas obras... Éste es uno de los resultados virtuosos que surgen de las enseñanzas de Buda. Su doctrina no se extendió ampliamente, pero sobrevivió en Asia durante largo tiempo. La información anterior se deriva de los tratados chinos sobre religión y doctrinas.

Adicionalmente, Jesús es citado en Cachemira en el libro budista *Los hechos de Barlaam y Budasaf;* el *Ikmal-ud-Din,* escrito por el erudito Al-Shaikh Al-Said-us-Sadiq (muerto en 962), quien viajó a muchos países para investigar los temas de su libro; también habla de los viajes de Cristo a Cachemira, incluyendo su muerte en ese país por causas naturales a la edad de 120 (pero, como veremos, en verdad murió en Francia).

Quizá el texto más interesante respecto al periodo que Cristo pasó en este país, es un decreto oficial del Gran Mufti de Cachemira expedido en 1774. Incluso se refiere a Jesús en una señal fuera de su supuesto lugar de entierro en Roza Bal, y también es mencionado en el monumento Takhat Sulaiman (Trono de Salomón) en Srinagar. Hay cuatro inscripciones en ese monumento, dos de las cuales todavía son legibles. Las inscripciones fueron registradas y leían así:

1.   El albañil constructor de este pilar es Bihishti Zargar. Año cincuenta y cuatro.

2.   Khwaja Rukun hijo de Murjan erigió este pilar.

3.   En ese tiempo Yuz Asaf proclamó que era un profeta. Año cincuenta y cuatro.

4.   Él es Jesús, Profeta de los Hijos de Israel.

Vemos entonces que Jesús no solamente visitó muchos países, como dijo Francine, sino que también empezó a enseñar mucho antes de lo que dijo la Biblia. Estoy segura de que fue recibido en esas tierras extranjeras mejor de lo que fue en Jerusalén y Belén. Siento que Jesús se sentía más en paz en el Oriente, no solamente porque ahí aprendió mucho, sino también porque podía moverse con más libertad sin temor a ser condenado.

De hecho, hay por lo menos 30 textos antiguos que cubren las religiones principales del hinduismo, el budismo y el islam, que mencionan específicamente a Jesús, no solamente antes de su vida pública y su crucifixión, sino también después, cuando siguió su ministerio en el Medio Oriente e India.

Ahora bien, estos textos antiguos no han sido ignorados por los eruditos, quienes han presentado teorías sobre los años perdidos de Jesús y su vida después de la crucifixión, pero *han* sido suprimidos por muchos eruditas cristianos y, ciertamente, por la iglesia católica. ¿Por qué? Usted sabe la respuesta tanto como yo: no desean que salga a la luz ninguna información que pueda desfigurar al cristianismo, como ha sido propuesto durante siglos, por los poderes patriarcales del momento.

Dejemos a un lado la religión y usemos la lógica: si todas las referencias a Jesús fueran pura ficción, ¿por qué, entonces, tantos escritores de varias religiones hablan sobre este maravilloso profeta y mesías?; es decir, ¿por qué razón se inventarían un personaje ficticio? No tiene sentido... Estos autores eran historiadores, teólogos, testigos de Cristo, de su misión en el Oriente y de sus enseñanzas. ¿No será que nos encontramos aquí con un encubrimiento masivo de la verdad?

Los eruditos cristianos saben que se escribieron *muchos* evangelios, no solamente los cuatro oficiales reconocidos: Marcos, Mateo, Lucas y Juan. Estos evangelios datan del año 70 d.C. hasta el siglo II, mientras que los evangelios "sinópticos": Marcos, Mateo y Lucas, son todos similares y provienen de una sola fuente. El de Juan es intrínsecamente distinto, pues nombra personas y dos episodios (la boda de Caná y la resurrección de Lázaro) que no son mencionados en los otros evangelios, además, este evangelio es más reciente.

¿Por qué, entonces, no se incluyeron en la Biblia los demás libros? Pues bien, eran demasiado controversiales: muchos de ellos estaban en conflicto con los "cuatro evangelios verdaderos" y con la idea de la iglesia de cómo debería ser el cristianismo. (Notemos aquí que el cristianismo moderno está más o menos basado en la percepción de Pablo sobre Jesús y su mensaje. No obstante, irónicamente, Pablo jamás conoció a Jesús. Pero, Pablo era un ciudadano romano y estaba orgulloso de serlo, y estas ideas iban más a tono con lo que Roma y el cristianismo antiguo deseaban.)

No voy a mencionar cada uno de los textos que relatan las enseñanzas de Jesús en sus áreas, pero usted puede ciertamente investigar los libros que he mencionado para encontrar mayor información. Es maravilloso que todas estas verdades estén saliendo a la luz (al tiempo que los Rollos de Mar Muerto, que según Francine, Cristo *sí* ayudó a escribir), y que podamos investigar lo que ha sido enterrado por tanto tiempo, pero conocido en secreto por muchos, sin temer ahora a ser señalados como heréticos o quemados en la hoguera.

Antes de seguir, me gustaría compartir con ustedes la emoción que siento al saber que no solamente Jesús fue un estudiante ilustrado, sino que, por ser un verdadero gnóstico, hizo lo que nos decía que hiciéramos: buscad y hallareis. Aunque los gnósticos y los esenios han existido desde antes del advenimiento del cristianismo, estaban sedientos de conocimientos y, después de sus viajes, Jesús vino y sació su sed, por decirlo así.

Si usted analiza los evangelios gnósticos, encontrará sorprendentes comparaciones con el judaísmo, el cristianismo (es decir, las propias enseñanzas de Cristo), el hinduismo y el budismo. Entonces, creo que podemos decir con certeza que por ser un verdadero gnóstico, Jesús incorporó esto en lo que todavía creemos hoy: su filosofía fundamental de un Dios amoroso y hacedor del bien.

¿No siente gran alivio, y lo enorgullece, saber que tantas culturas han acogido a Jesús como su mesías (mensajero) o profeta de Dios cuando eran de diferentes razas, culturas y religiones? Igual nos hace detenernos a pensar que no fueron solamente los apóstoles quienes proclamaron la palabra de su informe directo con Dios, otros también reconocieron la divinidad de Cristo y sus enseñanzas sin dudarlo. Eso le da un significado nuevo y verdadero a lo que Jesús dijo en una ocasión: "Sólo en su casa y en su patria es menospreciado el profeta" (Mateo 13:57).

Cuando Jesús *finalmente* regresó a enseñar en la sinagoga de su pueblo natal, muchos se sorprendieron: "¿Qué sabiduría es ésta que le ha sido dada y cómo se hacen por su mano tales milagros? ¿No es acaso ése el carpintero, hijo de María y hermano de Santiago, José, Judas y Simón? ¿Y sus hermanas no viven aquí entre nosotros?" (Marcos 6:2–3, Mateo 13:53–58). Estaban atónitos de que Jesús, el joven criado de su pueblo, tuviera tal sabiduría, pudiera enseñar con tal poder y obrar milagros.

Ahora bien, dos cosas saltan a la vista en la mente lógica: Dios, por supuesto, le había concedido poderes a Cristo, y no sólo espiritualmente, también poseía una extraordinaria habilidad de sanación; y él provenía de una familia que era lo suficientemente acaudalada como para haberlo enviado a la escuela para que aprendiera a leer. Él también debe haber obtenido, como lo hacemos todos cuando viajamos o estudiamos, grandes conocimientos teológicos con el paso del tiempo. Cuando he ido a Turquía, Grecia, Egipto, Francia, Alemania, Irlanda y otros lugares, lo primero que hago es hablar con escritores, arqueólogos y gente del lugar, pues ellos conocen muy bien sus culturas.

Francine dice que la época que Jesús pasó en la India fueron los mejores años de su vida. Formó un grupo de discípulos que lo siguieron y conoció a María Magdalena, que no era para nada una mujer de la vida pública, aunque la iglesia intentó convertirla en tal porque no sabían qué más hacer con ella. Borrarla de su vida era casi imposible porque aparecía en todas partes, pero si la convertían en una pecadora seguidora de Jesús, entonces dejaba de ser una amenaza.

María Magdalena fue, en realidad, una mujer de alcurnia que había desposado a un centurión. Ella no supo que el hombre estaba casado hasta que la verdadera esposa ordenó que Magdalena fuera apedreada, lo cual era el castigo de la época por adulterio. Cristo se enteró de este caso y acudió a su ayuda, no solamente la protegió, sino que contó la verdadera historia de cómo el centurión había engañado a María Magdalena. Su gratitud se convirtió en amor hacia él..., y él también estaba seguro de que la amaba. Se casaron poco tiempo después en una ceremonia secreta.

Cuando Jesús tenía 29 años, él y María Magdalena regresaron a Israel. Ahí, como sabemos, predicó estándares éticos a través de sus parábolas sobre todos los temas: desde cómo tratar a los esclavos y a los vecinos hasta cómo manejar el dinero y los asuntos familiares, así como la manera en que la humanidad podía lograr la perfección espiritual.

Creencia de Jesús en la reencarnación

Mientras ahondamos en el misterio de los años perdidos de Jesús, me gustaría, no solamente discutir su vida privada, sino también algunas de las creencias que quedaron fuera de la Biblia, una de las cuales es la reencarnación. Ha sido un tema descuidado por mucho tiempo por los teólogos, pero existen muchas pruebas, no solamente en los Rollos del Mar Muerto, de que los esenios o gnósticos creían en la reencarnación; y, ciertamente, si Cristo estudió los Vedas y el budismo, habría adoptado su filosofía.

Francine afirma que cuando Constantino quiso convertir a todos al cristianismo, fueron destruidos todos los libros que contenían referencias a la reencarnación. Lo que sobrevivió fue editado por la primera iglesia católica. (Como nota al margen, no entiendo por qué creer que hay muchas vidas podría desfigurar o negar al cristianismo, más bien, aumentaría la grandeza de la bondad divina que Cristo intentó transmitir. Darle a la humanidad varias oportunidades de avanzar a través de lecciones es mucho más razonable y justo, que una sola vida en que podemos haber nacido deformes, pobres, ricos y un sinnúmero de experiencias. La reencarnación haría ver a Dios como un creador que ofrece igualdad de oportunidades a todas sus creaturas.)

Hace unos 35 años, Francine me dijo que Jesús creía verdaderamente en la reencarnación. Sabemos que las personas de la India creen en ella, y ha habido muchos casos, incluso reciente, en que hemos escuchado niños relatando historias de sus vidas pasadas. Los datos que apoyan la reencarnación se han ido acumulando a una tasa cada vez mayor por doctores letrados, psiquiatras y médicos, por medio de las regresiones a vidas pasadas (de igual forma que lo hacemos en mi iglesia), como una poderosa herramienta de sanación. Puedo atestiguar personalmente, cientos de casos de niños y adultos que han relatado detalles precisos de otras vidas.

Los letrados han buscado pistas en los evangelios de que Jesús haya enseñado la reencarnación, aunque la mayoría de estos escritos han sido destruidos, prohibidos o editados por la iglesia. Sin embargo, examinemos Mateo 11:14: "Y si queréis oírlo, él [Juan el Bautista] es Elías, el que ha de venir." En Mateo 17:10-13, Jesús relata de nuevo que Elías ya había venido, pero que no lo habían reconocido, pues era Juan el Bautista.

La única explicación lógica es que Jesús está hablando de Elías como una vida pasada de Juan el Bautista, quien renacería de nuevo en algún momento del futuro. Otra observación interesante es cuando Cristo habla acerca del cuerpo: en cuanto a que usaba la metáfora de una estructura o edificio, siempre refiriéndose al cuerpo como un templo. La analogía lo replantearía como cierto al afirmar que la casa de su Padre tiene muchas mansiones, en cuanto a que podemos ocupar muchos templos o cuerpos.

Otra pista que se encuentra en Mateo 16:13-15: "Viniendo Jesús a la región de Cesárea de Filipo, preguntó a sus discípulos: ¿Quién dicen los hombres que es el Hijo del hombre?. Ellos contestaron: Unos, que Juan el Bautista; otros, que Elías; otros, que Jeremías u otro de los profetas. Y Él les dijo: vosotros, ¿quién decís que soy?" ¿Por qué Jesús hablaría de este tema, a menos que creyera en la premisa de la vida después de la vida? Esto también corrobora lo que creían los esenios o gnósticos en relación con que Cristo estudió en el Oriente, pues la mayoría de las religiones orientales creen en la reencarnación. Creemos que él aceptó y enseñó esta doctrina.

Después de la crucifixión

Ahora, pasemos a lo que es probablemente la parte más controversial de la vida de Cristo: si sobrevivió o no la crucifixión. Aunque gran parte del material al respecto ha sido sujeto a muchos debates, hay muchos escritos que apoyan la teoría de Nicholas Notovitch de que Jesús vivió en la India. También, veremos que nos encontramos con los mismos conflictos respecto a su crucifixión y a su muerte; o, en este caso, a su *supervivencia* a la muerte.

La mayoría de las sociedades llamadas secretas, que ya no son tan secretas gracias a libros como: *El enigma sagrado* y *El legado mesiánico* por Michael Baignet; más recientemente *El código Da Vinci* por Dan Brown y los volúmenes sobre los Rollos del Mar Muerto de Elaine Pagels, creen que Cristo no murió en la cruz. Incluso el Acta Thomae (Hechos de Tomás), vedado bajo el título de herético en 495 por un decreto de Gelasio, decía que Cristo estaba con Tomás en una boda en el año 49 d.C. ¡16 años después de su crucifixión! Francine entregó esta información hace casi 30 años, antes de que esto se hubiera convertido en un tema serio de estudio. Jamás fue un secreto, como lo puede atestiguar cualquiera que haya asistido a nuestros servicios gnósticos o a clases con nosotros. En vez de mantenerlo como un ultra secreto, hemos hablado abiertamente sobre este tema en nuestros sermones durante muchos años. El Papa Juan XXIII, mi héroe, dijo una vez algo muy contundente: que la fe cristiana no debería basarse en el hecho de que Jesús murió en la cruz.

Ahora está surgiendo demasiada evidencia como para esconderla bajo el tapete, ¿por qué, entonces, sigue perpetuándose la idea de que sí murió en la cruz? Pues bien, una de las razones es la culpa: "Murió por nuestros pecados." Pero, ¿por qué? Cada persona es responsable de su propio destino y de vivir una vida buena tal como Cristo nos enseñó: ¿por qué, entonces, Jesús tendría que cargar con *nuestro* destino?

Francine afirma que no hay duda alguna de que Jesús fue juzgado, humillado, golpeado y que lo hicieron cargar su propia cruz por lo menos parte del camino. De hecho, *fue* crucificado, pero la parte interesante es, que al contrario de todos los demás crucificados, a Jesús no le rompieron las piernas, lo que es muy extraño. También le pusieron un reposapiés, que le permitía empujarse hacia arriba para respirar, prolongando así el momento de su muerte.

Francine añade que Poncio Pilato, quien ha sido difamado en textos y documentos aparte de los textos bíblicos, formaba parte de la conspiración para dejar que Cristo estuviera en la cruz tres horas y pareciera muerto, después de lo cual Pilato bajó a Jesús de la cruz. Se aseguró que el momento de la crucifixión fuera tal que Cristo estuviera en la cruz solamente por un corto periodo de tiempo debido a la celebración del Sabat. Este hecho le produjo satisfacción a los detractores de la época, y le dio un nuevo significado a Poncio Pilatos: "lavarse las manos ante un hombre inocente."

Francine me dijo que a Jesús le habían dado una droga similar al opio, que lo llevó a un profundo sopor, similar a la muerte. En 1982 el Profesor J. D. M. Derrett postuló que Jesús había sido crucificado, pero que luego había quedado inconsciente o se había autoinducido en un trance (bastante posible teniendo en cuenta que había estudiado en la India y en el Oriente); que había sido dado por muerto, y después bajado de la cruz.

El erudito Karl Friedrich Bahrdt (1741–1792) postuló que Jesús había sobrevivido una muerte fingida y el médico Lucas le había suministrado drogas con anterioridad (lo que confirma lo dicho por Francine). Friedrich también dijo que Jesús era esenio (lo que corresponde a los primeros gnósticos), y también lo era José de Arimatea, quien lo resucitó. Nadie parece cuestionarse el hecho de que este acaudalado hombre (José) le había ofrecido de la nada su tumba a Cristo. Por supuesto que lo hizo, porque todo estaba preparado de antemano para que Jesús fuera resucitado.

Además, algo fundamental respecto a esta hipótesis y a otras relacionadas con la supervivencia de Cristo en la cruz, es el hecho de que, como dice Francine, la muerte en la cruz estaba supuesta a ser dolorosa y muy larga (con frecuencia duraba varios días). Cuando Jesús fue bajado de la cruz, con sus piernas intactas, relativamente temprano el mismo día, Flavio Josefo (el historiador judío) escribió que había visto a muchos otros prisioneros crucificados, y que después de varios días, seguían vivos a pesar de tener sus piernas rotas.

Ahora bien, Jesús se le apareció a María, a María Magdalena y a todos los apóstoles; un fantasma difícilmente habría podido decirle a Tomás ("el incrédulo") que tocara sus llagas. Conozco mucho sobre fantasmas y, créanme, uno no puede tocarlos y mucho menos tienen heridas. Cuando María y María Magdalena fueron a su tumba y vieron a los ángeles, estos les preguntaron: "¿Por qué buscáis entre los muertos al que vive?" (Lucas 24:5).

Después, Jesús apareció ante sus apóstoles para probarles que seguía vivo, diciendo: "La paz sea con vosotros... ¿Por qué os turbáis, y por qué suben a vuestro corazón esos pensamientos? Ved mis manos y mis pies que yo soy. Palpadme y veréis que el espíritu no tiene carne ni huesos, como veis que yo tengo. Diciendo esto, les mostró las manos y los pies. No creyendo aún ellos, en fuerza del gozo y de la admiración, les dijo: ¿Tenéis aquí algo que comer? Le dieron un trozo de pez asado y tomándolo, comió delante de ellos" (Lucas 24:36–43).

No sé usted, pero yo jamás he visto a un fantasma o a un espíritu hambriento. La razón por la cual Jesús hizo esto era para demostrarle a todos que estaba vivo, y que aunque fuera un hombre de Dios necesitaba comer. Aparte de sus intentos por demostrarle a todos que no estaban viendo una aparición, Jesús estaba desfallecido del hambre después del infierno que había tenido que vivir.

Sin embargo, esta aparición, así como la tumba que fue encontrada vacía la mañana del día de Pascua, le ha ofrecido amplio material a los eruditos y teólogos para explorar la supervivencia de Cristo a la crucifixión. El incentivo ha aumentado por el hecho de que hay una carencia total de documentación relacionada con la resurrección; excepto por el recuento de Pablo (quien, como señalé antes, nunca conoció a Jesús). A pesar de que los primeros cristianos parecieron perpetuar la historia de la muerte de Cristo, muchos documentos en muchos países que apoyan su supervivencia, sus viajes y enseñanzas, garantizan que valga la pena investigar el tema con más profundidad.

Nada de esto, bajo ninguna circunstancia, niega el hecho de que Jesús haya sido un ser sobrenatural; sólo significa que él se apareció antes a sus discípulos para despedirse, como dice la Biblia, para darles instrucciones sobre cómo predicar y enseñar sus palabras. Debió haber sentido que podría hacer más el bien enseñando en otro país que quedándose en casa, en donde ciertamente sería acosado, incluso realmente asesinado, por pregonar su maravilloso mensaje de amor y de un Dios amoroso.

En otros textos escritos por los apóstoles aparecen más pistas relacionadas con la supervivencia de Cristo a la crucifixión, pero no han sido oficialmente aceptados por la iglesia ni incluidos en la Biblia, así como en libros que fueron prohibidos o destruidos en la época de la recopilación de la Biblia. (Los Rollos del Mar Muerto y el Nag Hammadi fueron descubiertos mucho tiempo después.) Por ejemplo, los Hechos de Tomás explican que antes que Cristo se fuera, se encontró con Tomás varias veces después de la crucifixión. Francine dice que cuando Jesús dictó sus últimos mensajes de amor, esperanza y sabiduría, también explicó cómo enviaría a Tomás a predicar sus enseñanzas espirituales a lo largo de la India, posible-mente porque él sabía que allí estaría seguro.

Es en Anatolia (la parte de Turquía que comprende la península de Asia Menor) en donde Cristo se encontró de nuevo con Tomás. Jesús y las dos Marías se habían trasladado a la costa occidental de Turquía. Puedo decirle esto con toda franqueza porque he estado en ese país: los turcos hablan abiertamente de que Jesús estuvo allá, y lo hacen llenos de sinceridad, sabiduría y fe. También hay pruebas de que estuvo en Turquía en una antigua posada para viajeros llamada "El hogar de María," que se encuentra en la antigua ruta de la seda.

Desde allí, Cristo pudo haber entrado fácilmente a Europa y llegado a Francia.

Francine dice que Jesús, María y María Magdalena atravesaron Turquía y luego se dirigieron hacia el este a la India, llegaron a Cachemira de nuevo antes de regresar finalmente a través de Italia y establecerse eventualmente en Francia. (No es una coincidencia que muchos libros como *El enigma sagrado,* así como los textos descubiertos de las primeras sociedades cristianas "secretas" hayan tenido lugar en Francia.) Después de sufrir a causa del desprecio y la burla de su propia gente, así como de los romanos, Cristo decidió que era mejor enseñar en otro lugar. Se fue entonces a enseñar unos años al Oriente antes de radicarse en Francia.

Francine dice que Jesús y María Magdalena se establecieron cerca del área de Rennes-le-Château en Francia, tuvieron siete hijos y vivieron hasta cerca de los noventa años. Por esta razón, se establecieron los Caballeros Templarios y las sociedades secretas de los Rosacruces y el Priorato de Sión, e incluso parte de los primeros masones, para proteger a Cristo, a María Magdalena y a su descendencia.

Ahora bien, usted debe decidir lo que quiere creer, pero como dije antes, parafraseando al Papa Juan XXIII: ¿por qué los cristianos tienen que creer que Jesús murió en la cruz? No puedo reiterar lo suficiente que nadie tiene que creer nada excepto lo que siente que es verdadero. Ruego a Dios que usted mantenga la mente abierta e investigue, lea y abra su corazón.

Nosotros, los gnósticos, seguimos al pie de la letra las enseñanzas de Cristo, pero también sabemos que hay mucha más información que él dejó que no es conocida públicamente. Que haya dejado esas enseñanzas a otros seguidores de las creencias hinduistas, budistas e islámicas sólo aumenta su mensaje de traer paz y amor al mundo. Él logró sobrevivir a la adversidad siguiendo su propio ejemplo, y nosotros también podemos hacerlo.

Cuando usted llega a descubrir la verdad, su alma surca los cielos y se incrementan su amor y su admiración por Cristo..., pero también se abre la puerta al criticismo y a la controversia. A menudo me pregunto por qué, es decir, cuando algo se mejora y se incrementa, como lo hacen la verdad y la sabiduría, ¿por qué esto representa una amenaza para aquellos que han vivido enclaustrados en la ignorancia? Siempre he sentido, al igual que muchos de mis ministros (quienes, añado con orgullo, son eruditos por su propio derecho), que esta información nos ha proporcionado más sabiduría, más propósito de vida y un amor más profundo hacia Cristo de lo que jamás hemos sentido, y ha hecho que deseemos seguir su camino mucho más que antes.

Incluso en la actualidad, es demasiado sencillo predicar amor y bondad, esto desafía claramente los dogmas cristianos y judíos. También afecta la estructura política de la iglesia y de los millones y millones de dólares que sus feligreses dan como diezmo para construir grandes catedrales y demás. (Sorprendente, ¿no es así?, especialmente sabiendo que Cristo enseñó en los campos o en las colinas.)

¿Que si creo en construir estructuras para honrar a Dios? Obvio que sí. Pero no deseo ver lugares de adoración ostentosos, me gustaría ver casas para niños y ancianos, y hospitales para los enfermos. Esta es la manera de glorificar a Dios a la larga..., no solamente una hora cada domingo.

Podemos ser difamados e incluso crucificados de por vida, pero al igual que Jesús, podemos dejar como legado un mundo mejor a través de las buenas obras que hacemos. En otras palabras, podemos vivir nuestra vida tan parecida a Cristo como lo deseemos, con convicciones moderadas. Jesús estudió y nosotros también debemos hacerlo, y debemos a la postre ser testigos de lo que él dijo viviendo una vida ejemplar.

28

El diablo

He hablado brevemente sobre este tema en otro libro, pero en éste ahondaré un poco más: la tulpa más grande que hemos perpetuado es el "viejo" Lucifer, Belcebú, o cualquier nombre que la cultura juzgue darle a este "ángel caído."

Ángeles y profetas (incluso fiestas, vida familiar y cultivos) son mencionados más en la Biblia que cualquier diablo, no obstante, la humanidad ha creado un dogma de él más grande que la misma vida. El diablo ha obtenido tal popularidad que uno se pregunta si, en algunos círculos, no nos ocupamos más de él que del propio Cristo o de Dios.

El diablo aparece por primera vez en la Biblia en forma de una serpiente, que convence a Eva de que le pida a Adán que coma la fruta prohibida del árbol de la ciencia, y luego reaparece de forma intermitente cada vez que hay una plaga. Luego, surge de nuevo en el libro de Job, el cual recomiendo que lean, cuando él y Dios tienen una conversación. Por muy contradictorio que parezca, la condenación no existe. Dios más o menos le dice al diablo que puede hacer lo que le plazca excepto asesinar a Job, lo que es una prueba de la fe de Job en Dios. También es una buena analogía para cada uno de nosotros cuando estamos tentados a escoger entre el bien y el mal, especialmente, cuando nos enfrentamos ante la pérdida de todo, como le ocurrió a Job.

En cuanto a Jesús, una de las veces que se dirige al diablo directamente es cuando le dice que se coloque detrás de él, casi como cuando ponemos los malos pensamientos tras nosotros. Cuando Jesús estaba en el desierto, el diablo también lo llevó a la cima de una montaña y le dijo que si aceptaba al diablo (la maldad y el poder), que todo lo que podía contemplar desde la cima sería suyo. Nuestro Señor, obviamente, declinó. Ahora bien, ¿no es eso tan cierto ahora como entonces, que si sucumbimos al poder absoluto, nuestra alma estará en peligro de sucumbir al materialismo puro, hasta el punto de que no podría penetrar la luz de la espiritualidad?

Por supuesto que creo que la maldad abunda en la oscuridad y en las entidades oscuras, pero no creo en darle más poder a esta tulpa en particular. Más bien, prefiero darle a *Dios* el poder de mi amor y de mi devoción. Independientemente de lo que crea, no puedo repetirlo suficiente: ¡use su propia lógica!

29

La mitología de las fiestas populares

Pensé que sería una buena idea terminar este libro en una tónica más alegre y festiva, dándole un vistazo a unas cuantas de nuestras fiestas... que en realidad son rituales cuya historia se ha perdido en las crónicas del tiempo.

Halloween

La palabra *Halloween* proviene de "All Hallows' Eve", una celebración cristiana que tiene lugar la víspera del Día de Todos los Santos. Sin embargo, esta fiesta tiene antiguas raíces paganas, y hoy en día es un día de celebración muy importante para los seguidores de Wicca, la religión antigua y hermosa orientada hacia la naturaleza y dominada por brujas practicantes de magia blanca.

Sin embargo, así como ocurre con muchas de nuestras fiestas que tienen sus pies firmemente plantados en la tradición pagana, la Iglesia las adoptó para sí, posiblemente siguiendo la línea de "si no puedes vencerlos, únete a ellos". Es muy parecido al Mardi Gras, el cual es observado en varias partes del mundo, especialmente en Río de Janeiro y Nueva Orleans. Muchos de aquellos que se abandonan tanto física como mentalmente en la debacle de la fiesta, ni siquiera saben lo que están celebrando, no tienen idea que el Mardi Gras honra la llegada del periodo de la Cuaresma, en donde se supone que los piadosos renuncian a los placeres materiales como un sacrificio en honor de los cuarenta días, que terminan con el aniversario de la Última Cena de Jesús.

Por tradición, el antiguo festival celta de la cosecha del final del verano, llamado Samhain, se celebraba el 1º de noviembre. Se creía que en ese día, el mundo de los dioses sería visible para los humanos. Dado que ésta era una época en que se creía que las almas de los muertos visitaban sus hogares y les transmitían mensajes en sus sueños, muchos adivinos pensaban que era el mejor momento para predecir eventos futuros.

Los druidas reconocían que este festival estaba relacionado con la cosecha, la luna llena y los cambios astrológicos. Luego, después de conquistar la Gran Bretaña, los romanos adoptaron estas tradiciones celtas en su propio festival de la cosecha llamado Cerelia, que se celebra el 4 de octubre.

Como resultado, se cambiaron algunas tradiciones, mientras otras sobrevivieron como la creencia en fantasmas y brujas. Francine, mi guía espiritual, dice que la tradición de dejar comida para los muertos proviene de que los antiguos pensaban que los fantasmas podían tener hambre después de un año de ayuno, pero si les daban comida, los espíritus los dejarían en paz. De ahí nació la frase "trick or treat" (truco o recompensa).

Otras tradiciones incluyen:

- **Pescar manzanas (sumergiéndose),** lo cual no es sólo un juego: Francine dice que tiene sus raíces, como tantos de nuestros rituales, en la buena fortuna. Cuantas más manzanas uno podía obtener, mejor suerte tendría al año siguiente; si una doncella lograba atrapar una manzana, era seguro que se casaría antes de un año.

- Las **Fogatas** se hacían con la esperanza de que el sol saliera durante más tiempo para que las cosechas rindieran más frutos. También atraían mosquitos, que a su vez atraía búhos y murciélagos, quienes se incorporaron entonces al concepto de la mitología de Halloween. (Francine dice que las hogueras o fogatas también se practicaban como una manera de espantar los malos espíritus.)

- También se suponía que las fogatas estimulaban a las hadas para que salieran de sus montículos y caminaran entre nosotros, y muchos creían que la razón para **disfrazarnos era** convertirnos en algo que no somos. Igual se creía que el uso de disfraces y máscaras era con el fin de confundir o espantar los malos espíritus.

- Los irlandeses y los escoceses son los responsables de la tradición de moldear **faroles de calabazas,** que era parte de su celebración en honor a las cosechas. Originalmente, moldeaban rostros en los nabos y las papas, pero cuando emigraron a América, comenzaron también a moldear calabazas.

  Prender una vela en el farol de calabaza es similar a las fogatas de los druidas; también les mostraba el camino a las almas de los muertos, y a la vez los protegían contra los malos espíritus. (Advierta que incluso aunque el sol esté reluciente en pleno día, en las iglesias siguen prendidas las velas. Pienso que esto se ha convertido en una tradición, no necesariamente están reconociendo el hecho de que los espíritus pueden ver la energía ardiente, como la de una vela, mejor que la luz artificial.)

- Se creía que Halloween era una época propicia para **contactar los muertos**, porque se suponía que era cuando el velo estaba más delgado. Todavía existen personas que desean que yo les conduzca una sesión de invocación de espíritus durante Halloween, ¡como si este fuera el único día en que nuestros seres queridos estuvieran disponibles!

Algunas curiosidades: Judas era considerado la decimotercera persona en la Última Cena, razón por la cual se supone que el número 13 sea de mala suerte o nefasto. Aunque, en verdad, nadie sabe cuántas personas estaban presentes en la Última Cena, el número 13 sigue siendo considerado de mala suerte, ¡incluso algunos edificios modernos se saltan el piso 13! (Fíjese bien la próxima vez que se quede en un hotel.)

Es similar al número 666, que se supone que sea el número del diablo, cuando en realidad la mayoría de los arqueólogos, e incluso algunos teólogos (y Francine), han comprobado que el número era la dirección de Nerón, el emperador romano que mandó incendiar a Roma y le echó la culpa a los cristianos. Tiene sentido porque Nerón estaba en verdad loco, era una persona malvada, pero asignarle un número al diablo es verdaderamente absurdo, especialmente teniendo en cuenta que la Biblia no llegó a terminarse sino hasta comienzos del siglo IV.

El número 666 fue publicado con posterioridad en el Libro de las Revelaciones como un registro de la visión de un hombre llamado Juan. Este libro fue incluido en la Biblia, y ha influido a millones de

LA MITOLOGÍA DE LAS FIESTAS POPULARES

personas a creer en un Anticristo y en una batalla llamada Armagedón, que a la vez, desafía claramente la idea del Dios amoroso y misericordioso que Jesús intentó transmitirnos. Todo esto es para decirles que algunas religiones, y a fin de cuentas, algunos seres humanos, parecen sentir la necesidad de enfocarse en el miedo, en los demonios y en los diablos en vez de enfocarse en el amor en la paz y en la buena voluntad.

Otras fiestas

Nuestro mundo está lleno de símbolos paganos, tomemos por ejemplo la argolla de matrimonio. Se creía que si una pareja de casados llegaba a tener mala suerte, quedaría atrapada en un círculo (la argolla), y ahí se quedaría dando vueltas por toda la eternidad.

Las influencias paganas pueden verse claramente en las siguientes fiestas.

Navidad

En su libro *El código Da Vinci*, Dan Brown nos muestra a uno de sus personajes afirmando que el 25 de diciembre era la fecha de nacimiento del dios precristiano Mitras, llamado "el hijo de Dios y la Luz del mundo"... y a quien supuestamente habían enterrado en una tumba de piedra y había resucitado a los tres días. El 25 de diciembre también era la fecha de nacimiento de Osiris, Adonis y Dionisio: todos dioses paganos.

El árbol de navidad es definitivamente un símbolo pagano. Según las creencias antiguas, en los arboles vivían las devas de Lilith, la reina del inframundo. Llevar un árbol a casa significaba atraer buena fortuna de las hadas. Hasta el día de hoy, cuando deseamos atraer buena fortuna, tocamos madera, lo cual dicen algunos que se deriva del siguiente saludo: "¿Lilith, estás escuchando mi deseo de que nada malo me suceda?"

Es una lástima que la navidad se haya convertido en puro comercialismo excesivo, sinónimo de gastar la suma de dinero más grande posible. El verdadero significado espiritual y las festividades relacionados se están convirtiendo, por desdicha, en un recuerdo cada vez más débil. Abuela Ada, quien había nacido en 1865 en el seno de una familia muy acaudalada en Alemania, me dijo que sus parientes solían celebrar la navidad con naranjas (muy difíciles de obtener en ese entonces), después de lo cual, la familia invitaba a todos sus amigos y familiares a cantar villancicos, a jugar y a cenar. Cada vez que pienso en eso, me entristece compararlo con la forma en que "celebramos" hoy el nacimiento de Cristo.

Semana Santa

En los tiempos antiguos, la Semana Santa o Pascua, no tenía nada que ver con la Resurrección de Cristo, sino que era venerada como la llegada de la primavera, las flores y la estación de las siembras. El conejo de Pascua fue añadido luego, como una señal de los hábitos prolíficos de apareamiento de los conejos.

El huevo, desde siempre un símbolo del nacimiento, también se logró colar a la tradición de la Pascua. (Supongo que los paganos sólo estaban tratando de cubrir todas sus bases.) Es obvio que la fertilidad es importante hoy en día, pero uno debe recordar que para los antiguos era cuestión de vida o muerte. No solamente mantenía vivo su linaje, sino que además, les aseguraba que habría más hijos en los campos para recoger las cosechas, para que la gente pudiera comer y, por lo tanto, sobrevivir.

Acción de Gracias

El día de Acción de Gracias, por supuesto, comenzó con los peregrinos..., pero no creo que haya habido un pavo en su primer festín. (Más bien, se cree que disfrutaron de maíz, vegetales, aves de corral, venado y peces.) De todas maneras, al igual que con el conejo y el huevo, el pavo (ave) es otro símbolo de fertilidad, reverenciado desde la antigüedad, incluso los egipcios tenían dioses como Horus y Toth, que tenían cabezas de aves. Las aves también representan la libertad, así como la paloma en el cristianismo denota paz, esperanza y, muchas veces, al Espíritu Santo.

En Halloween, cuando algunas brujitas o unos fantasmitas vienen a pedir dulces a mi puerta, me quedo con mi bolsa de dulces pensando en todos los druidas que lucharon tan duro para mantener ese día sagrado. La próxima vez que mire un árbol de navidad, un huevo o un conejo de Pascua, espero que se tome un momento para recordar a todos aquellos que nos antecedieron y que nos dejaron estos rituales que hoy disfrutamos tanto.

Por desdicha, criticamos tanto a estos así llamados paganos por sus creencias, pero no tenemos ningún problema en desmantelar sus fiestas y rituales y convertirlos en nuestros.

Epílogo

En este libro, apenas hemos comenzado a rozar la superficie de los secretos del mundo; no obstante, mi intención ha sido atraer un poco de luz sobre los misterios de los que hemos hablado y debatido con más frecuencia. Lo único que puedo decirle es que estos son mis descubrimientos, producto de mis años de investigaciones y de mis propias habilidades psíquicas. Si usted está de acuerdo o no, es cosa suya. Siempre digo: "Tome lo que desee y deje el resto", pero espero que investigue y lea por su propia cuenta como yo lo he hecho. Después de todo, como dice el personaje del programa *Auntie Mame:* "¡La vida es un banquete!"

Nunca deje de buscar y explorar porque ahí yace nuestro legado y, a final de cuentas, descubrimos la búsqueda de nosotros mismos y especialmente de Dios. Sólo recuerde que para aquel que pregunta, siempre habrá una respuesta, y que a su debido tiempo, Dios nos revelará todo, y todo será investigado, aquí o en el Más Allá.

Es sorprendente la intensidad con la que buscamos respuestas. Con todos los enigmas en el mundo, Dios está siempre en nuestros corazones y a nuestro alrededor... y eso no es un misterio.

Dios los ama, y yo también...
Sylvia

Agradecimientos

Me gustaría agradecerle a las personas que han dedicado todo su tiempo y energía a investigar estos temas. Todavía hay muchos misterios por resolver, pero sin estas personas entregando su tiempo a las investigaciones científicas, y animando a otros para que observen más allá de su limitada existencia, estaría cerrado para nosotros para siempre todo ese mundo que conlleva más misterios de los que podríamos explorar en muchas vidas.

El Internet pone al alcance de sus manos un gran caudal de conocimiento, sin embargo, todos los temas que he cubierto aquí también pueden ser investigados en muchos libros. Siempre sugiero que se eduque, pues esto amplía sus perspectivas y, ciertamente, lo convierte en una persona más interesante, además de ayudarlo a expandir su mente de su diminuto mundo.

Acerca de la autora

Sylvia Browne es autora de libros en el primer lugar de ventas del *New York Times* y es médium psíquica famosa en todo el mundo. Se ha presentado con regularidad en programas como *Montel Williams Show* y *Larry King Live*, así como en innumerables eventos públicos en todo tipo de medios de comunicación. Con su personalidad práctica y su gran sentido del humor, estremece a sus audiencias en sus giras, y todavía encuentra tiempo para escribir numerosos libros inmensamente populares. Sylvia posee una maestría en literatura inglesa, reside en California y tiene planes de seguir escribiendo mientras pueda sostener un lapicero en sus manos.

Por favor contacte a Sylvia en su página: **www.sylvia.org**, o llame al **(408) 379-7070** para mayor información sobre su trabajo.

Acerca del artista

Kirk Simonds es ilustrador de temas de fantasía y artista cuya madre y hermana pertenecen al ministerio de Sylvia. Kirk se siente muy orgulloso del trabajo que ellas hacen y de su ministerio, el cual intenta promover la verdad, la lógica y la compasión tras las creencias y la espiritualidad. Se siente honrado de que Sylvia le haya pedido que ilustre sus conceptos sobre lo inexplicado y lo misterioso.

Notas

Notas

Notas

Notas

Notas

Notas

Notas

Notas

Esperamos que haya disfrutado este libro de Hay House.
Si desea recibir un catálogo gratis con todos los libros y productos de
Hay House, o si desea mayor información acerca de la
Fundación Hay, por favor, contáctenos a:

Hay House, Inc.
P.O. Box 5100
Carlsbad, CA 92018-5100

(760) 431-7695 • (800) 654-5126
(760) 431-6948 (fax) • (800) 650-5115 (fax)
www.hayhouse.com®

⁂

Sintonice **HayHouseRadio.com**® y encontrará los mejores
programas de radio sobre charlas espirituales con los autores
más destacados de Hay House.
Si desea recibir nuestra revista electrónica, puede solicitarla
por medio de la página de Internet de Hay House, de esta forma se
mantiene informado acerca de las últimas novedades
de sus autores favoritos.
Recibirá anuncios bimensuales acerca de: Descuentos y ofertas,
eventos especiales, detalles de los productos, extractos gratis de los
libros, concursos y ¡mucho más!
www.hayhouse.com®